早些归来早些眠

红

新世界出版社
NEW WORLD PRESS

图书在版编目（CIP）数据

早些归来早些眠 / 红娟著 . -- 北京 : 新世界出版社 , 2019.10
（有故事的中国人）
ISBN 978-7-5104-6955-8

Ⅰ . ①早… Ⅱ . ①红… Ⅲ . ①冯雪松—生平事迹 Ⅳ . ① K825.78

中国版本图书馆 CIP 数据核字 (2019) 第 239405 号

早些归来早些眠

作　　者：红　娟
责任编辑：葛文聪
特约编辑：乔天碧
装帧设计：魏芳芳
责任印制：王宝根
出版发行：新世界出版社
社　　址：北京西城区百万庄大街 24 号 (100037)
发 行 部：(010)6899 5968　(010)6899 8705（传真）
总 编 室：(010)6899 5424　(010)6832 6679（传真）
http://www.nwp.cn
http://www.nwp.com.cn
版权部：+8610 6899 6306
版权部电子信箱：nwpcd@sina.com
印　　刷：北京东方宝隆印刷有限公司
经　　销：新华书店
开　　本：880mm × 1230mm　1/32
字　　数：200 千字　　印　张：7
版　　次：2019 年 10 月第 1 版　2019 年 10 月第 1 次印刷
书　　号：ISBN 978-7-5104-6955-8
定　　价：48.00 元

序

冯雪松为方大曾立传，整整寻找了方大曾二十年；

红娟为冯雪松立传，用了十三个月的时间——有时候繁忙中的一霎那，有时候夜里突然醒来，会陷入对这本书的构思之中。

他们靠的是什么？是“正义”和“无畏”的感召，是对“正义”“无畏”的呼唤，是对这世界上为追求自由、民主、幸福而献出正义和无畏的人，表达他们的敬意。

方大曾用他的笔和相机传递抗日前线的战事，鼓舞人们抗日的激情；

冯雪松和红娟探寻着英雄的世界，复活英雄的业绩，他们目的十分单纯，只希望这种探寻、复活，可以让这种精神流芳百世。

红娟同志供职于《中华读书报》。这份报纸有很多能干的编辑。能写作，会讲话，没有挖不出的文化新闻，总是设法冲到这些新闻的第一线。我总想，《中华读书报》的文化品位，就是像红娟这样一些多才多艺的文化记者闯出来的吧？他们每个人都有自己的特色，都可以独立地办一份好看的报纸。

红娟是其中很耀眼的一位。

她为这本书，为大曾和雪松，下了这么大的功夫，投入那么多的感情，为了什么？只是因为内心燃烧的一团火，为正义而歌。

她是一个兴趣广泛的记者，要努力完成她负责的版面，要认真参加编辑部和朋友邀约的会议，要培育快速成长的孩子，要带孩子增广见闻，要做朋友圈中的好伙伴，贡献自己的快乐和智慧，还要设计、装修祖上留下的房子……

但她仍然在“百忙中”完成了这部著作。阅读了这份书稿之后，我明白在红娟的内心，在她笑口常开的乐观神情中，潜伏着的对英雄的崇敬、对正义的追慕，对无畏、无私的执着。

于是，我也产生了对作者的敬佩。

她追寻着雪松的足迹，寻找着方大曾的往事，她从中看到大曾与雪松的精神，也感受到了两位人物相知相通的地方。

红娟无限感动地介绍着：

在别人躲避无情炮火的时候，方大曾反倒离炮火更近。这是方大曾的境界，应着罗伯特·卡帕的话：如果你的照片拍摄得不够好，那是因为离得不够近。

于是他说出了：“伟大的卢沟桥，也许将成为伟大的民族解放战争的发祥地了！”

红娟无限感动地说：

正是冯雪松用二十年的寻找与发现，不遗余力地展示出这位已被历史尘烟湮没的摄影家的绝代风华，还原了方大曾那些鲜为人知的艰难跋涉。

837张照片底片，记录着方大曾的生命历程，在冯雪松寻找的旅程中，展示给了我们多少人：中国摄影出版社的编辑和评论家，台湾著名摄影家，台湾《摄影家》杂志，《焦点》杂志，《人民摄影报》，著名的作家和艺术家等，他们对留下的837张底片还原出的照片高度赞赏。有的人甚至不相信这是一个中国年轻人的作品，他们认为那个时代只有外国的艺术家才有这种摄影眼光和技巧。

著名新闻传播学专家方汉奇先生评价冯雪松："冯雪松同志从发现、寻找，到深入开掘和研究方大曾……使被埋没了多半个世纪，几乎被遗忘的一位杰出新闻记者的事迹，得以重现和弘扬于天下，弥补了中国新闻事业和中国摄影史上的一个重大缺失，真是善莫大焉、功莫大焉！"而这个发现、寻找、开掘和研究的过程，得以红娟的笔，被生动、感人地叙述出来，这也是一位敬业的记者给读者的一份厚礼、一个奉献吧。

早些归来早些眠。我们怀念方大曾，我们感谢冯雪松，我们祝愿红娟的大作不断涌现，为了正义和无畏。

杨牧之

2019 年 6 月

引言

遗落与重拾

如果只用最简洁的词汇来形容冯雪松，脑子中一直挥之不去的是“仁厚”“执念”二词。

冯雪松的人生故事中，一阕最动人的篇章是他和 837 张老照片底片的故事，以及他随后二十年对照片拍摄者的探寻。那些照片的拍摄者是一位被埋没的天才摄影师，曾是 20 世纪前叶身居北平的一位家境优渥的青年，是用一部相机和一支钢笔穿行于 30 年代中国抗战烽火中的年轻人，他曾预言：“伟大的卢沟桥也许将成为伟大的民族解放战争的发祥地了！”这位叫方大曾的青年用生命向民众传递前线战事，直至最后以身许国。自 1937 年 9 月底他失踪后淡出人们的视野，最终没有人再见过他，随着艰苦卓绝的抗日战争，随着历史车轮的滚滚演进，知道他的人愈发稀少，直至他彻底被历史尘烟湮没，除了他的家人，鲜有人再记得他。

让这位年轻的被埋没了八十年的英雄重新浮现，并成为越来越多人心目中的永恒，推动这件事的人，就是本书的主人公冯雪松。接下来我们要说的是冯雪松和方家人的故事，一段长达二十年的如歌岁月，如果要给这段时光起一个名字的话，当叫作“执着相守”。

认识雪松的这一天，是 2017 年 2 月下旬，在新世界出版社的咖啡厅里，他早早就到了，正在和出版社的责任编辑商量《方大曾：消失与重现》一书的修订和改版事宜。眼前的雪松人如其名非常高大，言谈举止间洞明练达，对谈中他总是先很认真地倾听，然后再给出自己的建言，态度清雅又谦逊。

当聊到方大曾时，他的眼神和情绪会瞬间绽放出光彩，他会详尽地描述和小方有关的每一处细节。印象至深的是他翻开书，指着两帧照片，一帧是他当年执导片子时双手举着小方的照片放在胸前，另一帧是十几年后他双手举着自己的著作《方大曾：消失与重现——一个纪录片导演的寻找旅程》放在胸前。同一个人、同一个素材，两幅照片里的小方是不变的英气勃发和风姿飒爽，站在背后的雪松则经历了由青涩到沉稳的洗练，不变的是眼神中流溢出的睿智与遒劲。

现在知道方大曾的人已经越来越多。但在二十年前，知道方大曾的人寥寥无几。鲜少有人知道：方大曾，作为上海《大公报》的特聘战地记者，是"卢沟桥事变"后第一个抵临前线报道战事的新闻记者，他拍摄的大量具有玛格南图片社风格的影像是当时中国国内报章，乃至西方媒体了解中国抗日战争的第一手资讯。他后来被摄影史家们尊为中国的"罗伯特·卡帕"。1937 年 9 月，时年二十五岁的方大曾赴当时战事最吃紧的保定采访后失去音讯，从此零落于历史的碎片中。尽管他留下的抗战影像在此后八十年间被大量传播和使用，但拍摄者方大曾的名字却并不为人知晓，就连《中国摄影史》中对他的记载也只是寥寥几笔带过。

是冯雪松，用他二十年的寻找与发现，让这位摄影天才得以重归国人视野，他不遗余力地向当世人展示出方大曾这位不为暴力、权力、金钱驱使的，用生活做背景、用生命做胶片的杰出摄影家的绝代芳华。

1999 年，冯雪松作为纪录片导演开始接触方大曾这个选题，后来他把这个题材做成了纪录片并获了奖，后来，出于新闻人的敏感和道义，出于对方大曾胞妹方澄敏的同情和允诺，也出于对历史的好奇和本性中的勤奋好学，冯雪松的足迹踏遍方大曾新闻报道中的每一处故迹，他比对照片中的影像尽力去复原一个世纪前的每一处图景。从书籍到网络，他翻阅查找相关背景及文献资料逾千万字，准备写作资料、笔记等百余万字。他根据方大曾的新闻报道复原出当时的场景甚至人物的心理活动，感受于方大曾当年的艰难与执着，感动于方大曾的天资与执念。而后，他出版了《方大曾：消失与重现——一个纪录片导演的寻找旅程》《解读方大曾》《方大曾：遗落与重拾——一个纪录片导演的再寻之旅》《珍藏方大曾》等书籍。他牵头成立方大曾纪念室、方大曾研究中心，举办方大曾摄影图片展、举办方大曾校园行、到大企业讲演宣扬方大曾精神，等等。冯雪松把自己人生最金贵的二十年扑在“寻找方大曾”这一件事上，自己也在寻找的历程中砥砺前行。是怎样的动力让雪松如此孜孜矻矻？一切缘起，要从一份无意中收到的传真说起。

目录

世纪之交前一份命里注定收到的传真

在一种心力交瘁的情绪下，冯雪松偶遇了“方大曾”。这个选题，成为让冯雪松暂时忘却烦扰的一根忘忧草。冯雪松找到陈申，在几个咫尺之遥、在香烟缭绕里，看陈申推开窗户指着不远处，冯雪松听他讲起了方大曾。

1999年，冯雪松率团队完成了大型纪录片《二十世纪中国女性史》。为着这部片子，他和同伴们足足煎熬了两年多。好在历经风雨终见彩虹，赢得的一片好口碑让第一次独立担任总编导的雪松终于松了口气，对自己的业务能力有了更多的自信，也对人间冷暖有了深刻的体悟。卸任总编导后，他由央视社教中心专题部《半边天》栏目转阵《美术星空》栏目，可能因为之前的工作压力和强度太大了，雪松到新栏目组后顿感轻松，但也一直在踌躇满志地寻找一些有意思的选题。

9月的一天，雪松照常骑着他那辆吱嘎作响的永久牌二八车，晃晃悠悠地一路从西单的家骑到复兴路，把车停好，迈上台阶，三步并作两步地跨级而上，走进了办公室。像往常一样，先倒了一杯水，然后往办公桌那儿走，身后的传真机嘟嘟响了，在电视台这样一个快节奏运转的办公室里，传真机几乎是24小时收发着，各位的办公桌上也是无比热闹，公共区域报纸、杂志、书、录播带，往往是被杂乱无序地堆在一起，勤快的雪松得闲的时候往往会收拾一下，斜倚在办公桌边的雪松一把将正在一点一点从传真机上“吐”出来的热敏纸撕了下来，他顺手把桌上的报纸杂志和别的传真归了归类，翻翻拣拣中他无意间瞥到这样的一页纸——

> 作为抗战初期活跃在国内的一位战地摄影记者，欧美许多报刊的供稿人，方大曾在民族抗战如火如荼、个人事业刚刚展开的时候神秘地失踪了。半个多世纪以来这位摄影家短暂而传奇的一生和大师水准的作品几乎完全沉入了历史的忘川，只有他的胞妹珍藏着哥哥留下的一千多张底片，在孤寂中默默地守候。她相信哥哥没有死，相信他总有一天会突然出现在自己面前。出版社拟将方大曾的作品及世人对他的回忆，合编成《方大曾的故事》一书，以示纪念。

这是一份几天前发来的传真，落款是中国摄影出版社，发件人是出版社副社长陈申，内容是出版社希望合作《方大曾的故事》以及推广该书的策划方案。假如那天冯雪松迟一点儿去办公室，又设若因为手头的事情略有耽搁，或者那一刻没有那么勤快的话，他可能就会和方大曾擦肩而过了！其实那页传真也并未明确写明是传给谁的，它只是那一天办公室收到的很多张传真之一。

幸运的是，雪松发现了它。也可以说，仿佛一切都是命里注定的。

冯雪松凭借一种新闻人的敏锐触感，觉得这是一条极具价值和诱惑力的信息，它的魅力来自于它的陌生和神秘。八年的纪录片执导经验告诉他，“神秘地失踪”“留下的一千多张底片”是这个选题的关键。

兴趣永远是工作的第一动力。方大曾是谁？1999 年时的资讯远没有今天这般发达，不像现在随意动动手指，一堆答案马上就在手机屏幕上自动闪现。没过几个小时，雪松就晃晃悠悠地骑着他的永久牌自行车去图书馆查阅相关资料了。

他先找到了中国摄影出版社出版的《中国摄影史》。

其中，关于方大曾的描述不过只言片语，只是在相关联的事件中偶尔被一笔带过。和留名于后世的同时代摄影师相比，方大曾没有独立的篇章，没有连贯的履历，也没有定论和结语，他只是一个被叫作“小方”的年轻人。

> 1937年七七事变后出版的《美术生活》杂志第41期刊出摄影记者方大曾(署名小方)拍摄的《抗战图存》和《为国捐躯》两组照片。前者是记者在卢沟桥拍的中国第一批战况照片共7幅，占了两版，特加英文说明。后者反映了北平各界慰问抗敌受伤将士的情况。
>
> ——《中国摄影史》第一卷第294页

> 1935年，吴奇寒、周勉之等人在天津成立“中外新闻学社”，通过对新闻学的研究与写作，从事抗日救亡活动。学社除组织社员撰写时评、通讯报道、向平津沪等地报刊投稿外，还向国内外报刊供应时事照片，如绥远抗战、“一二·九”学生运动、“卢沟桥事变”等。上海《申报》《良友画报》《现代画报》《中国呼声》(英文)周刊，北平《北晨画刊》以及美、英、法等国的一些刊物都常采用他的照片。在抗战前夕和抗战初期，方大曾是北方最活跃的新闻摄影记者之一。
>
> “卢沟桥事变”后，根据周恩来的指示，以天津中外新闻学社为底子，于1937年9月在太原成立了全民通讯社。

由于战况变化，这一年年底全民社迁到武汉，之后又从武汉转移到重庆和成都。全民社成立后，正在同蒲路活动的原中外新闻学社社员方大曾，担任了全民社的战地摄影记者。所以全民社在武汉时除发文字稿外，还发照片稿。不久因与方失去联系，战地摄影没有来源，这项任务就停止了。

——《中国摄影史》第一卷第 336 页

"七七"抗战的战火燃起后，平津的记者首先赶到卢沟桥采访。中外新闻社有个青年人名叫小方(原名方大曾)，拍摄了《日军炮击卢沟桥》《中日对峙中的宛平城》《奋勇杀敌二十九军》等照片。7 月 29 日《申报图画特刊》以《卢沟桥战事景象》为题，用中外社名义做了集中报道。

——《中国摄影史》第二卷第 103 页

当时在华北和西北进行摄影报道的还有小方、柏气德、李荫、师石、席与群等人，他们的作品也都在上海画报上刊载。

——《中国摄影史》第二卷第 106 页

方大曾在抗战开始时曾在平津和山西一带活动，后来杳无消息，很可能在前线牺牲。

——《中国摄影史》第二卷第 108 页

关于方大曾，1999 年之前出版的《中国摄影史》上所提及的部分大抵如此，再无多言。

因为刚刚拍摄过《二十世纪中国女性史》的缘由，冯雪松对口述历史、对旧时代的资料影像以及探寻鲜为人知的故事正意犹未尽，“方大曾”这个名字在冥冥之中再一次唤起了他对历史纪录片的着迷和拍摄冲动。

他的兴奋点来自于想了解这近千张底片都拍了些什么，方大曾到底是怎样的一个人，失踪后有无指向性的线索，世间还有谁曾经近距离地接触过他，他有后人吗，他们是否还健在……

带着这些疑问，冯雪松开始联络陈申。

陈申先生是著名的摄影史家。不久之后，雪松带着种种好奇来到了位于北京东单红星胡同 61 号院陈申先生的办公室。

方大曾的家，位于协和胡同 10 号，这是一座规整院落，恰好就与红星胡同毗邻而望。小方曾经供职的基督教青年会，也与红星胡同仅仅相隔一条马路。就在这咫尺之遥、在香烟缭绕里，陈申推开窗户指着这两处，和冯雪松谈起了往事。这次有意义的会面也开启了这对忘年交此后近二十年的漫漫友谊。

与陈申的相识是冯雪松在新世纪即将到来之前印象至深的一件事，他那时候还不知道，自己悄悄地推开了一扇门。

20 世纪的最后一年，于冯雪松而言，是生命中至关重要的一个年头。

年初，他率团队完成了拍摄时间达两年零七个月的大型纪录片《二十世纪中国女性史》。拍摄期间困难重重，他们逾越了很多难以想象的阻碍，拍摄团队边探索边拍摄。围绕“世纪女性”这个词汇，他们最终完成了这部以口述历史方式制作的、长达六百分钟的大型纪录片。片子播出后，反响非常好。

本以为就会这样顺风顺水地迈过而立之年，然而秋天刚过，一纸诊断书就将雪松惊了个趔趄，五十六岁的父亲被确诊为食道癌，且病情已经相当危重。这个突如其来的打击一下子让雪松跌入到一种无助和茫然当中。虽然，他与父亲并不太亲昵，长大后父子俩的交流也不算多，但当突然出现如此变故的时候，雪松还是父子连心地四处为父亲寻医问药，他不想让父子间留下什么遗憾。

正是在这样一种心力交瘁的情绪下，冯雪松偶遇了“方大曾”。这个选题，成为让冯雪松暂时忘却烦扰的一根忘忧草。这个失踪时只有二十五岁的年轻人，让冯雪松有好奇探问的冲动，同时也成为他激发斗志、走向希望的力量之源。

当孩子开始独当一面为父母排忧解难时，往往很多儿时的过往会排山倒海般袭来。白天，雪松奔波于北京各个图书馆查阅方大曾的资料；夜晚，和父亲相处时的点点滴滴会一点点地涌入梦境。

自卑的“独行少侠”
金榜题名逆袭成功

“小时候是‘城市独行侠’，父母很少陪伴，更不要说宠爱。就是自己一路自卑着磕磕绊绊地较着劲儿一往无前，到十几岁时都没有什么自信。在我的记忆里，童年是没有什么色彩的，是后来在报上发表的一篇小文章激发了我。”

冯雪松出生于内蒙古呼伦贝尔盟海拉尔市，草原边上长大的孩子天性中就有一种刚毅倔强的禀赋，母亲为他取名“雪松”，自是寓意这个家中长子能够像雪中松柏一样卓立挺拔。

从雪松记事时起，在他的记忆中，身为列车长的父亲常年跑车，雪松和小他两岁多的弟弟全是由母亲一个人照料。好强的母亲既要恪尽职守完成好自己在文化局的本职工作，又要在物质生活极其匮乏且没有老人帮衬的情况下抚育二子，其艰辛程度可想而知！

雪松说，在二十岁以前，他是没有什么自信的。因为他的童年生活没有任何童话色彩可言，他甚至都没怎么听大人讲过故事。调皮的小孩儿有时候贪玩忘记做功课，母亲就恨铁不成钢地拿扫帚疙瘩一通胖揍，一边打一边哭。少不经事的顽童尽管隐隐感受到了母亲的艰难，可年幼的孩子一顽皮起来哪管得了那么多，表现也就时好时坏。

小朋友的心里是自卑的，甚至不敢有任何愿望。雪松说他小时候吃过的蔬菜只有土豆和白菜，尝过的水果只有冻梨，见识草莓那都是二十多岁以后的事了！那时候，这个没听过故事也未敢有任何奢望的小孩儿，所有的娱乐就是在沙堆上堆堆小房子、弹弹球，再有就是打打瓦片。

问他："那时候有梦想吗？"

停顿了一会儿，雪松答："那时候的梦想是当记者。"

在那个年代，这是一个相当高端的梦想，雪松的这个记者梦是从何时升起的呢？雪松说是初三时写的一篇作文改变了他的人生轨迹，在此之前，即使在上初二的时候，他都还不太知道怎样写好作文。

1984 年的春节，大年初三，少年雪松用大人给的压岁钱，花了两毛钱看冰灯，看完了小心思开始活络：看这么一小会儿冰灯就花掉两毛钱太亏了！于是就悄悄地写了篇小文章《冰的艺术结晶》投稿到了《呼伦贝尔报》。心无城府的孩子按捺不住小兴奋把这件事告诉了母亲，母亲只是笑笑并不以为意。过了几天，雪松的豆腐块小文章居然发表了，少年兴奋得乐不可支！当收到两块钱稿费时，更是夜不能寐！总算盼到周末，转悠了大半天，雪松为母亲买了一副鞋垫，给自己和弟弟买了心爱的葡萄干。

少年开始变得不那么自卑了！到了这年暑假，雪松开始和几个小伙伴一起创办了一张《智体文学报》，从编辑、排版到印刷，几位搭档忙得不亦乐乎！雪松至今都记得自己十四岁那年的夏天，回忆起来意犹未尽："后来细想想，这份报纸的名字起得有点二，'德、智、体'缺了个'德'字，不成缺'德'了嘛！"每一次忆及三十几年前的这次策划失误，都让雪松哑然失笑。

到了高中，雪松的文章越写越多，从随笔到电视剧本、电影剧本全部尝试着写了个遍。十六七岁的时候，他写过《日子》《童年的白雪地》《遥远的绿草地》《也是记忆》等随笔文章（当年没有机会在家乡的报上发表，后来他来北京发展后这些旧作都陆续在北京的报上发表了）。心气高涨的他又和几个志趣相投的同学办了一张名曰《北

少年时代的冯雪松与母亲、弟弟合影

国草》的小报，雪松开始当主编，拿老式打字机打字。这时候，这位个头已经接近一米八零的少年，开始对未来有了明确的目标——到呼伦贝尔文化馆当编辑。

1991 年，二十一岁的雪松从内蒙古民族大学汉语言文学专业毕业。他真的当上了编辑，只不过不是在文化馆，而是在《海拉尔电视报》，白天编辑文字、画版样、拼版，夜里跑印厂，天天如此。他从不惜力，但干了一段时间后小伙子觉得这份工作好像也没有给他带来当初向往的那种成就感。

有一天，从自家的报纸上，雪松看到兄弟单位海拉尔电视台正在招人，他悄悄报了名，之后在六十多人的应聘考试中脱颖而出，综合考试得了八十多的高分。录取的大红榜就贴在海拉尔电视报社的大门口，腼腆的雪松没好意思在白天看榜，天擦黑的时候他才鼓足勇气拉着弟弟一起骑车到报社门口看看。第二天上班的时候，听到并不隔音的隔壁办公室传来议论，有人打听和夸奖红榜上那位名不见经传的小状元，这时候雪松的心里美美的！从那一刻起，雪松的自信来了！也正是从那一刻起，雪松觉得自己真的长大了！

刚进海拉尔电视台的时候，雪松还是做文字编辑，涉世不深的青年太渴望被认可、太渴望变强大，但有时候做事太认真往往也会成为前进道路上的阻碍——有人会觉得他太较真儿了！性格使然，好强的雪松自己扛起了摄像机，他用一台 m7 也就是第一代摄录一体机独立拍片，后来他又带领一个团队用超 8 摄像机拍摄了向建党七十周年献礼的纪录片《昨天的诉说》，获得前辈同行的嘉许，很是为海拉尔电视台争了一回光。当时的呼伦贝尔电视台副台长李墨田看到这部纪录片后，不单单认可雪松，还盛赞他的水准完全可以与央视的拍摄水准媲美。

从母亲的身上，雪松承继了一种好强的个性，在得到同行和前辈的赞许后，他更加勤力地学习各种拍摄技巧，每一天都在进步着。同时他的理想也一点一点更加宏远，他不愿意只在海拉尔这座小城度过一种可以一眼望到头的人生。

机会永远会为有准备的人敞开大门，一年多后，因为在《神州风采》栏目播出了《雪乡》等几部短纪录片及工作业绩突出，冯雪松被意外地借调到中央电视台。20 世纪 90 年代正值电视行业的黄金期，这个来自草原的小伙子无比珍惜能够在北京学习和工作的机会。火车开动的一刻，他离故乡渐行渐远，他的梦想如日初升。

刚在中央台拍片时，雪松参与拍了一部纪录片，叫作《西北大轮廓》。这时的雪松已经开始独立拍片，这一部与农业部门合作拍摄的有关农业题材的纪录片让雪松印象深刻，后来因种种原因未能完成。

一群祖籍甘肃的麦客在麦收前每人挎着一个布袋子，里面装着够吃十天的馍和一个大水缸子，一群老少爷们儿从甘肃农村走向西安附近郊县，在地头儿等着东家来挑人。

被挑上后，几个人，或者是父子或者是叔侄又或者是街坊，生怕被东家挑散了，紧赶慢赶地跟着走，到了东家院里后，挑个合适的地方一排挨个儿坐下，每人都从随身的布袋里掏出磨刀石，开始用力地磨自己的镰刀。待东家把饭做好后，这边厢刀也被磨得差不多了。麦客们小心地把磨好的刀刃儿往后脑勺的头皮上轻轻蹭一蹭，能刮断发丝就是刀磨好了，顺手把刀往近旁一撂，放在那里备用。

东家把饭端上来，主食是一大筐馍馍，菜就是一盆拌洋葱，确切地讲不是拌，而是切好洋葱后往上面撒一层大盐粒，然后再搁上一大把香菜末儿。麦客们就在东家的注视下狼吞虎咽地吃将起来，一些年纪大的麦客吃饱了还会继续把馍往嘴里塞，不是因为贪吃，而是怕东家嫌弃自己不够能吃不够强壮。

饭后开始割麦了，每个麦客一天割两亩地，割一亩地的工钱是六块钱。歇着的时候，他们每个人从布袋里掏出自己的大水缸子，敲敲东家的门讨口水喝，喝完就再接着干活。麦客们这样一路从西安割到武功再割到咸阳，最后赶在自家麦收前回自己地里继续干。

十几天的时间，雪松一路寸步不离地跟拍着这些麦客。他带了一箱方便面，有时候塞给年长的麦客一包，那位上了岁数的老乡极为珍视地收了起来，说是回家留给小孙子吃。最后，雪松跟麦客们熟络到同吃一个馍，共饮一缸子水，等到跟他们回到故乡岐山的时候，雪松也已经是满身虱子了。

与麦客们朝夕相处的这一段经历让年轻的雪松铭心刻骨，从草原到北京再到各地的乡村，他见识了民间劳动人民朴实、隐忍、坚韧、憨厚的人性本色。

雪松讲这个故事，是为了告诉我，他从这段经历中获得的感悟——“真正好的纪录片是不需要解说词的。”他曾发誓：自己要永远认真地做好的纪录片。

这是冯雪松最初进中央电视台独立拍片的一段经历，那时他在北京还是个“北漂”。正是这样的一次锤炼，注定了雪松后来的姿态：工作的姿态和生活的姿态。他始终是谦逊礼貌和脚踏实地的，因为他曾经真真正正见识过大地的底色。

从那时起，他开始懂得了什么叫“行远自迩”。

1993年，冯雪松（右一）拍摄《西北大轮廓》时与麦客们在一起

“男人可以被消灭，

就是不能被打败！”

那时的他，骑着一辆破自行车吱嘎吱嘎地在夜晚凄清的街上转悠，随身听里放着腾格尔的《蓝色的故乡》和崔健的《解决》，耳畔里是辽阔的故乡，心里是宏阔的梦想，但眼前逼仄的现实却摆不下他的一张小床。

1992年，中央电视台尚未实行招聘制，雪松从边陲小城海拉尔来到北京全力一搏是需要很多勇气的，那时的雪松牢牢抓住一切宝贵的机会，“如果一件事情是很容易的，又怎么能轮到我来做呢？我又有什么理由要放下呢？困难也许就是前进的助力！”面对工作他每天都这么想。

“一个男人可以被消灭，就是不能被打败！”海明威的这句话成了他的座右铭。

海拉尔放不下雪松绚烂的梦想，然而这梦想在帝都也不是那么轻易可以放飞的。刚来北京时，雪松住在中央电视台的演员宿舍，位于京西宾馆附近的一排小平房，每间小屋四张床，雪松占了其中一张，他住了十天后就跟着老师去辽河拍片子了，等他出差回来后连这张小床也被别人占了。他就是这样每天过起了没着没落的日子。当时他有一个远房亲戚住在西单，他硬着头皮挤在了亲戚家，在客厅搭了张床，就这样住了一段时间。

过了几个月后，雪松找到了离台址不远、位于南礼士路的一个小招待所，每天四块五毛钱的房费，又住了几个月，这在他当时的开销中就算个大支出了。因为是借调的关系，中央台以为海拉尔电视台会给他开工资，而当时海拉尔电视台认为雪松被中央台借调去，理应是那边给他开工资，所以就停掉了雪松的一切收入。两边的薪酬都没有着落，雪松却在两头都不好意思提及这个事，只好凭借以前微薄的储蓄省吃俭用应对着日常所有开销。这种两边无薪的日子过了大约有两年之久。为了省钱，他一再地搬家，当身上只剩下十块钱的时候，雪松甚至想到要在业余时间当个洗车工养活自己。

当时是他新认识的一个朋友向他伸出了援手，这位朋友是锦州人，深知在异地他乡打拼的艰辛，这位在北师大念博士的朋友告诉雪松自己的老师出国了，雪松可以为这位老师看房子。后来雪松就住进了北师大，替这位未曾谋面的老师看家，顺便有时还可以在经济实惠的师大食堂填饱肚子。

过了一段时间后，他又搬到了人大西门附近的小黄庄，月租一百五十元租了间小平房，不忙时找同学蹭顿人大的饭。钱最紧时，他连这个小平房也租不起了，就挤在同学的宿舍，后来同学有了女朋友，他也不太好意思再打扰人家了。再后来另外一个同学又帮了他，在自己的宿舍为雪松搭了个行军床，白天折起晚上打开，大约这样住了一年半光景。

冯雪松就像一只小鸟一样，几年间飞来飞去居无定所。他就这样搬来搬去挪了十几处地方。听着都很为之心酸的迁徙式的生活却还被天性乐观的他绘了一张图，上面的抬头写着“我在北京的家”，这样宝贵的“历史文物”在后来的搬家中不幸遗失了！那时的他，就是凭着一种阿Q精神骑着他的那辆破自行车吱嘎吱嘎地在夜晚凄清的街上转悠，随身听里放着腾格尔的《蓝色的故乡》，放着崔健的《解决》《红旗下的蛋》《让我在雪地里撒点野》，耳畔里是辽阔的故乡，心里是宏阔的梦想，但眼前逼仄的现实却摆不下他的一张小床。那些年他做得最疯狂的一件事是用攒了好久的钱，花六十块买了一张崔健首体演唱会的票，看完以后特别振奋，但在回家的路上就又投入到下一轮的节衣缩食中。

1994 年除夕的夜，他的口袋里又是只剩下一点点钱和几张饭票了。雪松一个人骑着自行车在大街小巷中迂回穿行，附近的商场里进进出出的人们扬起一张张幸福喜悦的笑脸，商场的喇叭里放着王杰的《回家》，歌者有些沧桑嘶哑的嗓音和一句句贴合心境的歌词叩击着雪松的心，他在寒风中骑行着，没有钱，但是有自由的空气。暮色下的苍穹仿佛是一张深邃幽蓝的幕布，点点街灯犹如晃动在这幕布前的一盏盏橘色的烛火，橘色的暖中和着蓝色的冷。雪松突然双手撒开自行车把，一边更加用力地蹬着车，一边张开双臂，他在拥抱着他即将开启的人生大幕，在拥抱着即将到来的又一个新的春天，他告诉自己：一切都会越来越好的！我不会被打败！

1995 年后，这样的窘迫有了一点改善，那时雪松已经开始在《半边天》栏目组做节目，渐渐有了一些收入，每个月还有了一些房补，租住在西单二龙路，是个小小的一居室，这一住又是五年。

那时候，支撑雪松的信念就是“不要讲条件”。“来到中央台后，就感觉像到了天堂，无论多么吃苦受累，我都从来不去讲条件，那时候我们经常顾不得吃饭，编完片子就扑到机房里的小折叠床上倒头便睡。我常常告诫自己，我们这群人从出生开始就没有任何便宜可占。对我来说，工作就是对一个个选题的执着和认真，就是想更好地用镜头把自己的想法逐一呈现。那时候我们编出来的片子真的都是有温度的！”冯雪松无比虔诚且不遗余力地捕捉着前辈老师们拍片剪片的每

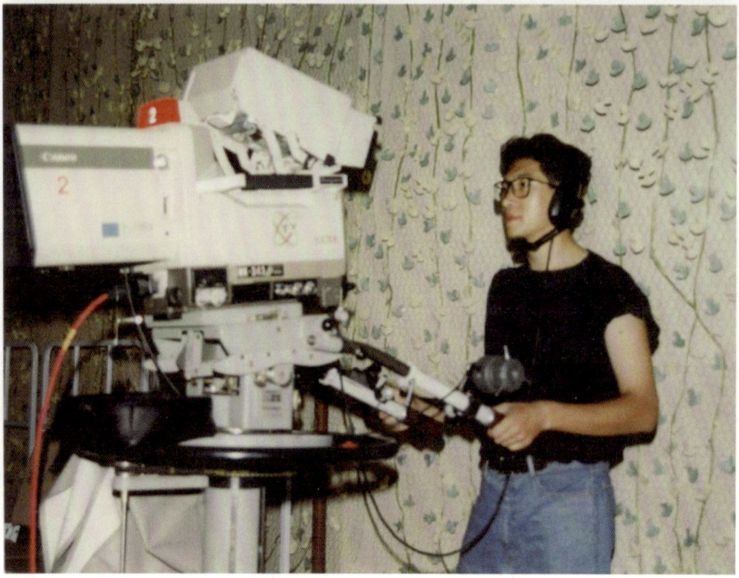

冯雪松在《半边天》栏目组担任编导

一个瞬间，生怕错过任何一次求教的机会！

进中央台的第二年，有一次拍片是拍摄中国著名大学，待同事们都挑完学校后，留给雪松这个新人的只有地处开封的河南大学了。尽管河南大学曾经是历史名校，但因为地理位置和其他种种原因，无奈已呈现出几许寂然无声的凄清寥落。在此之前，河南大学从未被中央台采访拍摄过，校方对这次拍摄自是极度重视。学校宣传部长带着宣传科长亲自来到北京与雪松会合，到达开封后当时的靳德行校长也是亲自出面高接远迎，并询问雪松拍摄之余想去少林寺看看还是要到洛阳一游观赏牡丹花展。

这次拍摄是雪松第一次担纲制片人，在受宠若惊的同时，雪松婉拒了靳校长的美意。在出发之前，雪松是做过一番功课的，他问校长："咱们学校的著名教授高文和任访秋二位先生，您能安排我见一见他们吗？"靳校长听后很是意外："二位老先生可都已经出不了家门卧床了呀！"雪松又说："没事儿，如果方便您就给我安排一下，我认个门儿，远远地看上他们一眼，冲他们鞠个躬就成，这两位先生可是我仰慕许久的啦！"雪松提出的这个要求是靳德行校长在见到雪松之前万万没有想到的，他自然是乐于帮助这个重情重义尊师重教的年轻人完成了拜揖的心愿。

这就是冯雪松！在他心里，这样的远远瞻望一眼他仰慕的学人，意义远甚于游览名胜和赏花畅叙。

然而央视的人才实在如过江之鲫，在他任职的纪录片创作室，要想显山露水实在太难。何况又是这么一个从北方小城来的没有任何背景的毛头小伙儿呢！怎样在央视立足成为当时冯雪松面临的首要问题！他又不是很有城府，有时候说话太率直，难免会得罪人，但怎么得罪的、得罪谁了，他自己完全都意识不到。那时候中央台施行的还是一套师承的旧管理体制，年轻人很难在短时间内出人头地。

这时候，老天再一次对这位勤勉的年轻人青睐有加，非常幸运地，雪松遇到了他在中央台的引路人肖晓琳，她是当时《半边天》栏目的制片人。纪录片办公室一位老同志看雪松天天特别勤奋，跑选题、剪片子，从不偷懒，但在当时中央台严格的管理体制下，他很难有机会由临时借调身份转为正式编制。于是这位老师好心地指点雪松，建议他去台里新筹建的《半边天》栏目组试试，那里施行的是新体制和新管理方法，可能更适应年轻人多闯练。于是雪松来到肖晓琳麾下。

1990 年代中期，肖晓琳凭借制作《观察与思考》（《焦点访谈》的前身）等批评式报道节目在业界声名鹊起。当时她正在打磨新版块《女性社会》节目。第一天到新栏目组报道，肖晓琳开门见山：“欢迎你！”第二句话：“我们这儿不养闲人！男生三个月、女生六个月，必须出活儿，你能不能得到认可就看这仨月的了！”冯雪松说，他一辈子也忘不了肖晓琳跟他说那一番话的眼神，是那种很温柔又很犀利的知识女性的眼神，给人的感觉既刚毅果敢又充满母性光辉。来到《半边天》栏目组，雪松做的第一个选题是《中华绿荫儿童村》，那个选题他做得很好，让他在新栏目组站稳了脚跟。

在后来做的一个个选题中，年长冯雪松八岁的肖晓琳一步步引导着这个很有上进心又很有些灵气的年轻人，她告诉雪松，要做一个具有穿透力的人，不光要做主旋律，还要多做一些有批判性观点的片子。是肖晓琳亦师亦友的引领，让当时几乎低微到尘埃里的冯雪松拣拾起自信，为未来的事业找准了方向。

在陆续参与《神州风采》《半边天》等栏目的创作之后，他又拍摄了《日子》《生命之舞》《生活在别处》等大量短纪录片，这些成绩成为冯雪松日后落户中央台的一块块敲门砖。他频频获奖，因此被同事们笑称为“获奖专业户”。关键时刻，还是肖晓琳帮着雪松出头，她找到《半边天》栏目的总制片人孙素萍和赵淑静，历数了五年来冯雪松的一切工作业绩，让人事部门务必珍惜眼前这个人才。

终于，从1992年到1997年，孑然一身“不疯魔不成活”地在北京励志奋斗五年后，“北漂”冯雪松被正式调入中央电视台。同年，27岁的他独立担纲编导大型纪录片《二十世纪中国女性史》，成为当时央视最年轻的总编导。

冯雪松至今感念肖晓琳对他的知遇之恩。是肖晓琳的不吝提携为他创造了锻炼的机会并使得他的职业素养日臻完善。

未来的职业生涯日渐明朗让这个充满希翼的年轻人每天干劲儿十足。雪松为人处事憨厚慷慨，五年在京工作和生活的历练，也让他逐渐博得身边越来越多人的喜爱。生活稳定后，雪松的居所是这样的：细心的他把二龙路那个小小的一居室收拾得温馨干净，自己亲手制作窗帘和各式可爱的小挂饰。再狭促的空间，各类书籍也会被整整齐齐地码放在书架和案头上，案头上还不忘摆上个清供，书架中间摆着个贝多芬小雕像。其实本来想买个莫扎特的，但贝多芬的塑像有折扣。这个外表高高大大但内里心细如发的小伙子就是这样用力地、有趣地在北京一步步安顿下来，床头上方的白墙上贴着一幅字，是雪松挥毫泼墨自己写就的工工整整的一行字：问天下谁是英雄！

后来在《美术星空》栏目组，雪松每天跟拍的都是中国最具名望的绘画大师们，摄录大师风采的同时他自己也汲取着艺术养分。一位

冯雪松在《神州风采》栏目组担任编导

著名艺术大师的画展在中国美术馆闭幕时，老人悄悄地跟他说：“小伙子，你一个多月来天天跟着我，扛着‘长枪短炮’好些日子了，真不容易！随便挑一幅你自己喜欢的画吧，我送给你。”听完大师的这番话，雪松受宠若惊又感动不已，连忙说：“别，多谢先生的美意，我承受不起，这么着，您送我一本您的画册吧，您亲笔签个名，我已经很开心知足了，谢谢先生。”后来雪松的朋友们知道了这段轶事，不迭地替他惋惜，说他太实在了！每次在大家的啧啧声中，雪松都是莞尔一笑说：“如果拿了老人家的画，我真的会于心不安的！”

冯雪松就是这样一个人，在中国记者最为风光的年代，在被那么多人心慕手追、趋之若鹜的中央电视台这个巨大的平台上，他选择的是这样稳重妥帖低调内敛地为人处事。

打开几百张老底片里那些尘封往事

方澄敏颤颤巍巍地告诉雪松，在她心目中，这些被哥哥赋予生命的胶片，就等同于哥哥生命的存在。听完，雪松的心也跟着老人的话语和眼泪一翕一张着，细心敏感又古道热肠的他，觉得必须为眼前的这位老人做点什么才好！

食道癌，父亲的一纸诊断书让冯雪松正开始走向顺风顺水的人生忽然出现了一道梗，事业上刚绽开的一片晴空马上又被薄情的现实罩上了一重愁雾。雪松怕知道病情的父亲一下子意志垮下来，又怕母亲心理上负担不了，他一个人默默地承受着各种压力。

那段日子，狼狈不堪的雪松唯有走进办公室的瞬间，才能稍微舒缓一口气，暂时忘却一下生活中这一记突如其来的闷棍。也就恰逢此时，他看见了那份传真。凭借敏锐的新闻感觉，雪松牢牢地攫住了这个选题，向栏目组申请立项，后来项目的名字就叫“寻找方大曾”。

连冯雪松自己也没有料到，这一找，竟是二十年。

直到今天，当初收到的这份传真都还在，只不过那张热敏纸褪却颜色后几成一张白纸，接近了它本初的模样。二十年来，它静静地躺在冯雪松的书桌抽屉里。

被找的方大曾被历史永远定格在了二十五岁，开始踏上“寻找方大曾”之路的冯雪松与小方年龄相仿，他们的初遇跨越了整整六十三载的寒暑。为了兑现“一纸承诺”，冯雪松孜孜矻矻找寻，两位年轻人因着同样的“青春”“高尚”和“牺牲”被无限拉近着。

著名作家余华非常欣赏方大曾，他曾在《消失的意义》一文中

绥远前线指挥者（方大曾 摄）

告别陶林的朋友（方大曾 摄）

写道：

> 方大曾的作品像是30年代留下的一份遗嘱，一份留给以后所有时代的遗嘱。这些精美的画面给今天的我们带来了旧式的火车，早已消失了的码头和工厂，布满缆绳的帆船，荒凉的土地，旧时代的战场和兵器，还有旧时代的生活和风尚。然而那些在一瞬间被固定到画面中的身影、面容和眼神，却有着持之以恒的生机勃勃。

在陈申先生那里第一次看到小方拍的照片时，和余华说的一样，冯雪松被这些照片瞬间吸引了。最吸引他的，是方大曾的摄影技巧。作为摄影爱好者，冯雪松根本不相信在中国摄影技术尚不发达的20世纪30年代，方大曾拍下了在摄影技艺上可与同时代的摄影大师布列松、何奈·布里、尤兰史·密斯齐相媲美的玛格南风格[1]作品。

小方摄影作品的魅力令雪松深深折服，在小方的镜像里，多是普通的平民，几十年后依然能辨析出这些人的瞬间表情，从神态中可以看出摄影者和被拍摄者之间对彼此的尊重和自由的交流。

雪松发自内心地开始想走近小方的世界。通过陈申，雪松一点点了解小方的身世——

1912年7月13日，方大曾出生在北京东城区协和胡同10号院，祖籍无锡，祖上姓“过”，是皇帝赐姓。小方的父亲方振东是洋务派，毕业于京师译学馆，法文专业，毕业后在外交部工作，曾任科员、主事，

1　玛格南，是一种大桶香槟酒名。第二次世界大战期间，战地记者常在生还之后喝这种酒与朋友庆祝。玛格南图片社成立于1947年，为了忠实呈现第二次世界大战后的影像纪实而成立，创办者都是当时知名的新闻摄影师，如卡蒂埃·布列松、罗伯特·卡帕、乔治·罗杰、大卫·西蒙，著名战地记者罗伯特·卡帕以此酒为该社命名。玛格南风格，泛指以家庭、毒品、宗教、战争、贫穷、犯罪、政府和庆典等为题材的经典且重要的纪实摄影作品。

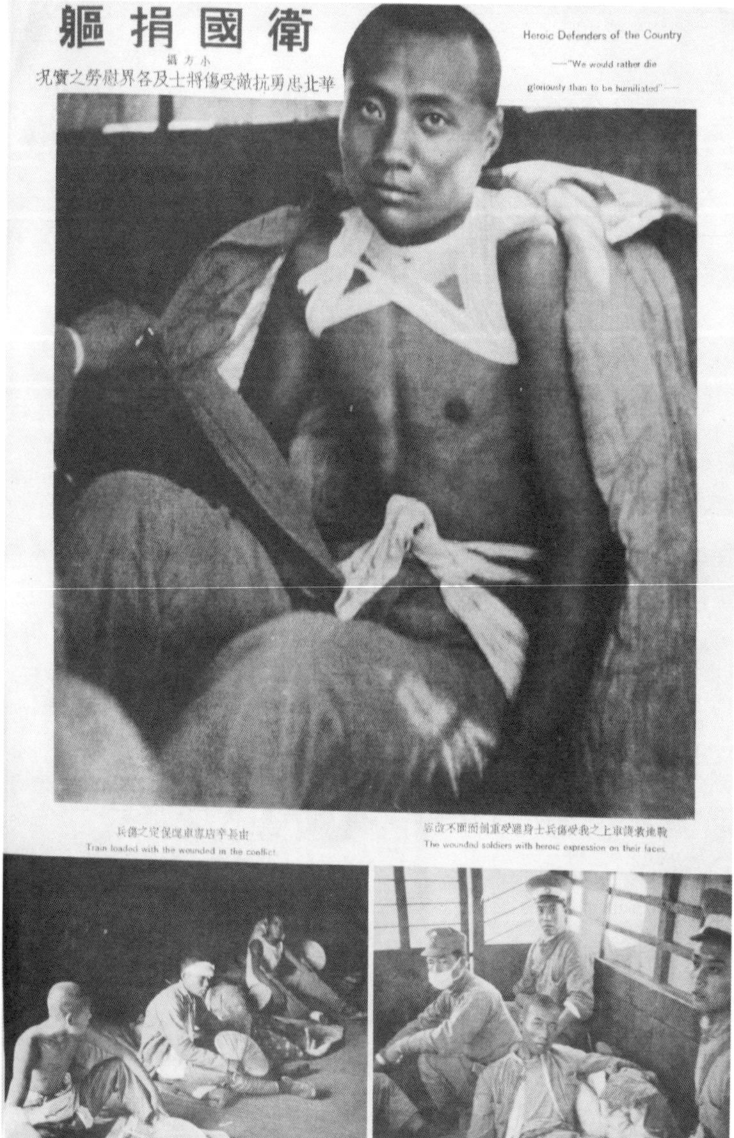

方大曾发表于《美术生活》杂志的组照《为国捐躯》

蘆溝橋事件

保衛蘆溝橋之我廿九軍戰士・小方攝

CHINA AND JAPAN CLASH AT LUKOUCHIAO

At one o'clock in the morning of July 8, the Japanese troops at Lukouchiao (Marco Polo Bridge) about 12 miles south of Peiping, demanded a search of the walled city of Wanping, claiming that one of their soldiers was missing. Refused by the 37th Division of the 29th Army stationed in the district, they started to bombard the city. The Chinese troops returned fire and fighting has been continued ever since Peace negotiations are being carried out with seeming success, but both countries are prepared to fight if necessary. Peace or war, which will it be?

方大曾图文报道《卢沟桥事件》，刊载于《良友》杂志 1937 年 7 月号

阵地防御（方大曾 摄）

淘气（方大曾 摄）

中法大学女子排球队。小方的笔记留在底片右侧

方大曾镜头下的北京玉泉山玉峰塔

方大曾镜头下的北京潭柘寺

后在政府南迁后曾管理过档案，1930年代又去了天津和朋友合作经商。当时的方家在京城有几处祖产，家境殷实，家风开明，从小在自由环境中长大的小方后来先后在天津和北平的基督教青年会工作。因为从小受到的是德、智、体、群“四育”教育，小方非常注重德能和公益心，有非常强的服务社群的意识。

特别值得一提的是，小方的母亲方朱理虽然是位全职主妇，但这位地道的北方妇女却是位非常开明的妈妈。方大曾小学时代即痴迷摄影，十几岁时母亲给了他七块大洋，少年小方就用这七块钱买了自己平生第一架相机（当时一块钱可以够一家四口两个礼拜的伙食费）。那时，年长方大曾四岁、后来被誉为世界摄影史上一代宗师的亨利·卡蒂埃·布列松，还没有开始其摄影生涯。

由陈申先生陪同，冯雪松两次拜会了方大曾的胞妹方澄敏女士。彼时的方家，已经搬离了位于协和胡同的院落，在原址徒劳等待亲人五十六年未果后，1993年，方家这座670平方米的院落被政府征用，一所四合院换得七套住房，居京百余年的一大家子人，自此四散东西。

1999年底，在北京四惠桥附近一栋普通的居民楼里，冯雪松第一次见到了方澄敏老人，向她简单了解了一下小方的基本情况，然后表达了他对小方的敬意。85岁的方澄敏坐在轮椅上，皮肤白皙红润，戴着金丝边眼镜，身上依然流淌着旧时代大家闺秀那种特有的沉潜内敛的娟秀韵致。

得知眼前到访的这位年轻人意欲了解小方时，老人的眼睛瞬息莹润了，失踪多年的哥哥重又清晰地浮现在她周遭的气息中。数十年来，虽历经社会动荡，览尽世间冷暖，妹妹仍像护着自己的命根一样地保全着哥哥留下来的几百张底片，之前是淑敏、澄敏两姊妹一起保管，

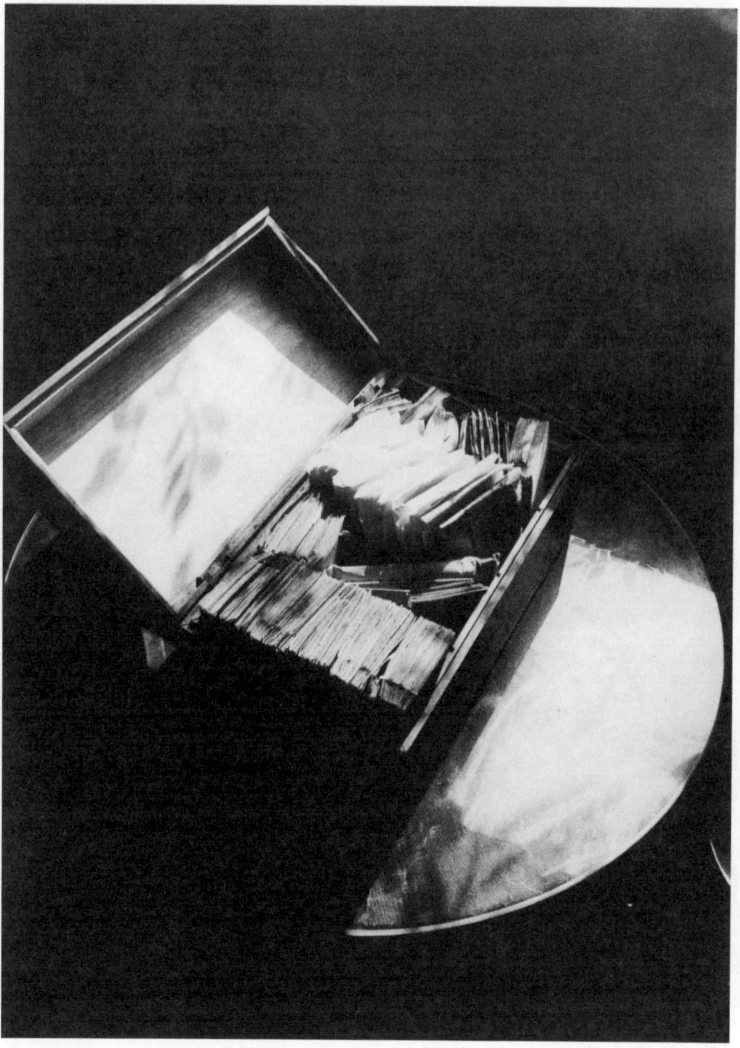

小方留下的底片和木盒（阮义忠 摄）

后来姐姐淑敏去了南方，底片就交由妹妹澄敏一人保存了。几十载光阴流转，底片在方澄敏的护翼下平静而沉默地等待着。

方澄敏老人颤颤巍巍地告诉眼前的这个年轻人，在她的心目中，这些被哥哥赋予生命的胶片，就等同于哥哥生命的存在。听完，冯雪松的心也跟着老人的话语和眼泪一翕一张着，细心敏感又古道热肠的

方澄敏与相伴六十年的底片盒（冯雪松 摄）

他，觉得必须要为眼前的这位老人做点什么才好！

就在冯雪松准备第二次拜访方澄敏时，老人却突然中风了，已经无法用言语来表达。万幸的是，陈申先生在1995年对方澄敏老人进行过一次录音采访，这次珍贵的录音弥补了方澄敏无法再次亲口讲述的缺憾。通过整理录音，冯雪松进一步走进了方大曾的世界。

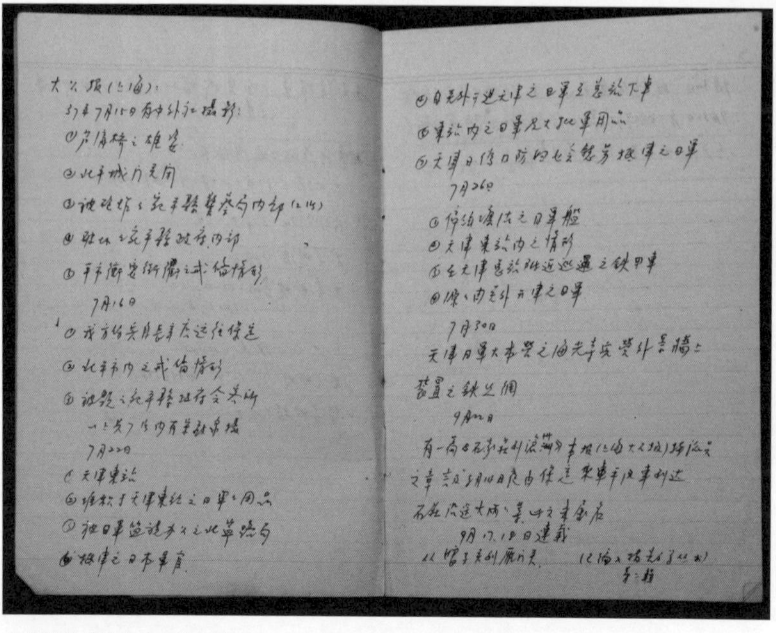

方澄敏整理哥哥作品的目录

1929年，十七岁的哥哥方大曾发起并组织了中国北方第一个少年摄影社团。1930年，他十八岁时考入了中法大学经济系。这期间，他思想活跃，热心社会进步活动，与诗人方殷共同主编了《少年先锋》杂志。1934年从中法大学毕业后，他到当时的北平基督教青年会工作，职务是青年会少年部干事。因为教养好，彬彬有礼又谦让随和，热心助人和无私奉献，不论是家中长辈还是街坊邻居都喜欢他，人缘极佳。在当时一般职员只有二十块大洋的薪俸时，小方的薪酬每月达到了六十元。小方后来被短暂地派往天津基督教青年会工作，1936年重回北平。发表作品时常常以方德曾或者小方署名。业余时常离家外出旅行，带着折叠式的相机，走过乡村与城市，记录所见所闻。

一架相机、一把雨伞、一个背包，就是哥哥小方的全部行囊，他徒步游走四处拍摄，拍好多塔，拍好多寺庙，拍底层百姓的点滴生活。在协和胡同10号院里，他有一间专门为冲印胶卷搭建的暗房，这间灰色的小木屋是他最爱待的地方，偶尔让我帮个忙为他冲洗显影打打下手。小方的冲印技术相当过硬，千余张照片纵是放在今时今日看，依然清晰动人。放大机是小方自己用硬纸板做的，冲洗放大好照片后，小方就把它们投到国内外的报纸杂志去，之后等收到稿费就再买胶卷，如此循环往复。大学毕业前后，他拍了一套《四子王府结婚照》组图，被一家英国杂志刊发了，他就用这次的稿费买了一架更高级的禄莱福克斯（Rolleiflex）照相机。

在录音中，方澄敏深情澄澈地讲述着，一个20世纪20到30年代追求进步正义的知识青年的形象慢慢浮现在冯雪松眼前——热情阳刚的小方和他同时代的大多数热血青年一样，不囿于自身的优渥生活，更关注国家和民族的命运，关怀底层人的生活状态，观照社会大环境的动荡变迁，他渴望融入到一股历史变革的滚滚洪流之中。

当年的录音环境混杂，音效不好，背景声音很大，冯雪松只有反反复复地听，才能略晓主人公的基本轮廓。耳畔滚动播放着方澄敏老人的录音，冯雪松想象着方澄敏抱着哥哥的一盒胶片安然讲述的一幕，他被一盒盒转动着的磁带卷回到七十年前风云际会的历史洪流中。那一刻，冯雪松想的是：我一定要尽全力帮助方澄敏老人达成夙愿！

小方自拍照

曾经离散又失而复得的 837 张旧底片

方澄敏一路抹着泪一路捧着哥哥的这一包底片回了家，她颤抖着双手像捧着自己的心一般，把它们逐一摊开，拿块小布轻轻地擦了又擦，然后转身站在妈妈的遗像前哽噎着说：“妈妈，我再也不会让它们离开家了！”

第一次亲手触碰到方大曾留下的那盒底片时，雪松内心涌动的几乎是一种朝圣般的虔诚，从陈申手里接过的这个棕黑色盒子并不大，里面整整齐齐地码放着一些粉色纸袋，纸袋上都印着德记商行的字号，这家王府井大街南口的老字号店铺早已荡然无存，它必定是当年小方经常光顾的所在。雪松轻轻地从纸袋中抽出这些黑白底片，仿若生怕惊醒一个正沉睡的人。

在阳光下，黑白色通透分明，隔世的人物、消失的景象、尘封的事件在雪松眼前影影绰绰一点点开始凸显，方大曾用目光抚摸过的社会和用指尖触碰过的年代就在这吉光片羽间复活，复发出勃勃生机和让人无法抗拒的诱惑。冯雪松觉得自己和小方就是在那一霎那间有了灵犀相通的默契相知。

隐约间，他觉得方澄敏的等待，就是等待有缘人让这 837 张底片有朝一日在光亮中耀然呈现。有缘人在接过这一盒方澄敏老人用半生岁月守候的老底片之前，先听到的是有关这个盒子和这些照片的往事。

历经近七十年的岁月洗炼，这些老照片都经历过什么，又有着怎样的传奇呢?

可以想象，这些照片都是逃过难的!

1937年初秋，战争的脚步声日趋临近，每天听到的都是一些晦暗的消息，小方又走了好些日子，方家人依常会去买一份《大公报》，在报上寻找一些他的踪迹，但是自9月30日刊登了小方的战地通讯《平汉线北段的变化》之后，连续三个月，再没见小方发表任何的消息。从喧嚣到静默，一开始家人并没有特别在意，因为都知道小方从小爱冒险，胆子特别大，所以他经常是许久没有音讯，然后又会在某一个时刻出其不意地出现在家人面前。小方的母亲和他有过约定，无论遇到什么情况，协和胡同10号的家，都是母子俩约定的不见不散的地点。随着战事吃紧，小方数月来杳无消息，家人和朋友们才渐渐有了不祥的预感。

七七事变北平沦陷以后，城里城外日伪特务特别多，小方的父亲胆子小，怕儿子的失踪以及这些照片会给家里惹事，就打算把它们一点点偷偷地烧掉。白天怕有火光，就在晚上笼火的时候几张几张地往炉子里扔。留存后世的照片都是小方的母亲不动声色地藏起来的。

一直到解放以后，十几年相安无事。

60年代中后期，政治空气已日趋紧张，整天敲锣打鼓口号阵阵、红卫兵小将从横冲直撞破“四旧”（即所谓旧思想、旧文化、旧风俗、旧习惯）、横扫一切牛鬼蛇神，渐渐发展成抄家、打人、砸物的不可控制的态势。

协和胡同10号院里，小方的母亲方朱理已是风烛残年的接近八秩的老人家，所有的岁月都刻进她深陷的眼窝里。她还在点灯熬油地守望她多年没有归家的儿子，老人永远往好处想：也许、也许大曾就在某个地方好好地活着呢！几十年了，孙男嫡女一晃都大了，只有大曾，在母亲的心里，永远是那个朝气蓬勃意气风发的帅小伙子。

大曾暂时没回来，他的屋子谁也不能碰，大曾留下的小物什儿，母亲要好好地替他保管着。可眼下，1966 年的这个夏天，这些照片恐怕要给家里惹来麻烦了！胡同里但凡有点海外关系的都被抄了家，小方拍的这些照片上都是国民党军队在抗战初期布防在晋绥前线的官兵，官兵们的服装、帽徽以及旗帜上都有国民党青天白日旗的标识，小方戴的钢盔也是国民党的，在那个年代这些都是有口难辩的，万一被抄家，这些底片如果被红卫兵翻出来，哪里还能够说得清楚，家里一定会遭受灭顶之灾的，这可该如何是好呀？全家人深陷于一种担心和恐惧中，担忧红卫兵们随时到来！

母亲和妹妹们为这件事愁闷了好久，实在舍不得毁了这些母亲的念想儿，可又真怕这些照片给家里引来杀身之祸。背着母亲方朱理，淑敏、澄敏还有她们的夫婿凑在一起商议了许久，最后决定：上交！出头的还是方澄敏。第二天，抱着这个放着小方 800 多张底片的木盒子，澄敏来到她任职的银行，走进“红卫兵办公室”说：“这是我哥哥的东西，他从 1937 年就再没回过家。本来是想留作纪念的，不知道算不算‘四旧’，现在上交给公家，请组织上看着处理吧！”“红卫兵办公室”负责人看她态度诚恳倒也没有为难她，只淡淡说了一句“那你就放这儿吧”。

澄敏回家后，其实非常惦念那些底片，可又不敢再去问，又能怎样呢？恰有凑巧，没过两天，小方的母亲就问，小木箱怎么不见了？淑敏原原本本告诉了母亲事情的经过。没想到得知真相后，小方的母亲表现得异常平静，沉默了一小会儿，老人自言自语似的说了五个字：“听天由命吧！”

舍了、痛了过后，方家人选择了淡忘，十几年来再没人敢提过这件事。许是因为澄敏平时为人热心厚道、人缘不错，单位后来也没再就这件事为难过她。

“文化大革命”过后，人民的生活重又回归正轨。澄敏很想问问这些底片的去向，怎奈经手人都已不在了。1970年末的一天，方澄敏任职的银行举办联欢会，已经退休了的方澄敏也受邀参加。在放彩排道具的小仓库里，澄敏看到角落中有几个破报纸包的包儿，起先也没在意，后来澄敏不小心踩着一个，露出了底片的一个小黑角，澄敏扒拉了几下，又看到了那熟悉的“德记”二字，澄敏的心开始剧烈跳动，血一个劲儿地往头上涌，那不是哥哥的那包底片吗？澄敏抱着这个破纸包找到主任，说这是她当年上交的家里的东西，问能不能拿回去。主任说：“嗨！正找不着主儿呢，您赶紧着拿走吧！”

方澄敏一路抹着泪捧着哥哥的这一包底片回了家，可惜当年盛放这些底片的小木盒子已经不知所踪。回到家，澄敏颤抖着双手像捧着自己的心一般，把它们逐一摊开，拿块小布轻轻地擦了又擦，然后转过身站在母亲的遗像前，静默良久哽咽地说：“妈妈，我把哥哥的东西带回来了！我再也不会让它们离开家了！”

又过了一段时日，单位举办老员工联谊会，澄敏在食堂聚餐时忽然瞥见大师傅用来盛饭票的盒子正是当年盛放哥哥底片的小木盒。顿时，她百感交集！好心的大师傅倒也爽快，说：“行咧，方大姐，您容我们照这个样儿找木匠再做一个，弄好后您再把您家的这个拿走，成吗？”

就这样，辗转十几年，小木盒子和最终留下的837张小方的底片终于得以完璧归赵重归方家人手中。

冥冥之中，天意使然！

小方在绥远采访途中

小方在集宁

劫后余生——陈申冲洗的部分小方作品（陈申 摄）

有关这个盒子和这些照片的前尘往事，触碰到了雪松心底最柔软的方寸。方澄敏很想为哥哥出一本书或是办一个展览，她觉得这些哥哥用命换来的照片应该得以见见天日。不为出名，只为了却对一奶同胞的哥哥的一种纪念，仅此而已。但是老太太没有这份能力！

怎样为方澄敏老人圆了她的梦呢？

雪松在脑子里一遍遍地过着要用怎样的拍摄手法把眼前的影像勾勒出来，试图依照方大曾的旅程解读抗战初期一个人的命运和一个国家的遭遇。其实早在从偶然接到那份传真开始，他就已经不自觉地进入了一种新的工作状态，那种感觉前所未有的激昂！

在方澄敏跨越世纪的企盼守望与散碎零星的史料记载中，冯雪松开始了他孤寂冷僻的寻找。关于“小方”的介绍只有点，没有面，冯雪松开始如故宫的文物修复师一般，将这些故纸堆里的碎片一点点试着拼接。文物修复师面对的是一堆堆斑驳物什，而冯雪松更难，起初他面对的只是一页页泛黄的字里行间中的细碎飘渺。

在导演阐述中，他这样写道：

> 我们拍摄此片的目的不仅仅是寻找一个人，亦是通过寻找去还原一个真实的、热爱和平与自由的生命。他通过自己的目光，抚摸着数十年前国难当头的中国大地，他镜头下描述的景象，是我们了解当时社会生活的生动图本。他以个体的高贵品质，为我们确立了一个物质以外的精神境界。

但是，影像表达不同于纸上描摹，需要一个一个坚实的画面去支撑，而除了几张个人照片外，小方没有留下一个活动影像，冯雪松想把小方重新呈现的难度可以想见。

> 小方拍有很多人像作品，都是一些没有留下名姓的人，但我们今天能看出这些人的瞬间表情，从神态中能看出摄影者和他们之间隐含着彼此的尊重和交流。比如北方小孩笑脸的那一张，仿佛照片之外都能够听到孩子们开心的笑声，非常具有感染力。
>
> 他的镜头里鲜有达官显贵和金枝玉叶，他不迷恋闲适

阶层的风花雪月，他冷寂地观察与记叙，以镜头和笔做“利器”，通过客观的拍摄与记录给后世留存了那一时代珍贵的图影和文字。

通过掌握的资料，冯雪松发现小方的兴趣非常广泛，他以摄影的方式，自发地参与关乎民族危亡的抗战，在拍战时风云时，他也拍了风光、民情，一方面显示了才华，另一方面体现了他对社会的细微关注，从中也能够看到当时国家和民族的前途引发着一个年轻人的思考。

1999 年底到 2000 年初夏前差不多有近五个月的时光，雪松是在北京图书馆的过刊库里度过的，面对着海量的文字和图片，伴随着找着找着就消失了的线索，他一期一期地查找《世界知识》《大公报》《美术生活》《民报周刊》《妇女生活》《良友》，那些都是小方当时经常供稿的刊物，他在其中找到了许多泛黄的纸页，上边都有小方的名字。

而有关方大曾个人，可供拍摄的资料相当匮乏，在搜索过程中，雪松总是感觉着刚要触摸到小方，伸出手的瞬间马上又遥不可及，他几乎每天周旋在希望与失望的交错之间。

由泛黄的照片和零散的文章入手，拍摄团队寻找方大曾和属于小方的那个时代，期望能够一点一点接近小方，通过只言片语把小方复原成一个生动鲜活的形象。在走进位于米市大街的基督教青年会时，老式楼梯、旧式天花板、百年未变的老格局，让雪松瞬间置身于小方当年身处的氛围中，在推开一间间屋门的瞬间，他被小方的气息无形牵引着。

同样的感觉还出现在雪松拍摄小方留下的唯一随身行李——一

只小皮箱时，“咔嗒”一声箱子打开，淡淡的樟脑味氤氲挥散，棕色的皮箱上道道斑驳，这一条条旧日痕迹可能来自绥远，也可能来自集宁，或许又是来自保定和太原吧！箱子是小方用来盛放衣物和照相器材的，还有一两处隐约黯淡了的墨痕。

小方曾经工作过的地方和他使用过的旧皮箱成为冯雪松靠近小方的一种引领。

在冯雪松紧锣密鼓地查找方大曾的各种资料时，老实本分的方家人是充满感激的。其实，在此之前，方澄敏是经过多方努力想把哥哥的照片出版成册的，这也成了她晚年唯一的热烈的愿望。但是她不认识出版界的人，也无法用文字将这些照片串联起来。她找过一些故交，但都因种种原因未能如愿，悻悻而归。她热烈的愿望和她执拗的努力被一次次地浇灭！

方大曾镜头下的人生百态（一）

方大曾镜头下的人生百态（二）

方大曾镜头下的人生百态（三）

风尘百载叹无声：方澄敏曾经的努力

方澄敏曾想把底片捐给中国摄影家协会，但被婉拒了。她还曾试图找出版社，想将哥哥的摄影作品结集出版，她条清缕晰地整理了作品目录，撰写了回忆文章。怎奈最终等来的却是不能出版的回复，原因是“赚不到钱”。

小方最终留给家人的只是几件衣裳、一件雨衣、一个背包，还有前文中的那个小旅行箱子，都是简简单单的生活用品，他的新闻底稿一点儿也没留下。退休后，方澄敏就把主要精力全部投入到整理方大曾的照片和文章中。她从离家最近的地方走起，先去了位于干面胡同的世界知识出版社，哥哥的作品曾在这个杂志刊登过。老太太跟出版社做自我介绍，那时的人随和、心地良善，看老太太挺不容易，就也跟着她帮她一摞一摞地找资料，找出来一篇《卢沟桥抗战记》，薄薄的七页纸花去她四块两毛钱的复印费，这在当时可是一家人几天的菜金呢！但方澄敏不心疼这四块二，又“找到了”一个小方，她觉得值！

首战告捷后，老太太再接再厉。很多个清晨，她都是很早起来、为家人备好一天的饭，随便给自己带上点馒头什么的，然后搭乘公交车去往各个图书馆和纪念馆。她四处奔走，查阅资料、编写目录，探访尚在人世的知情者，寻找小方离家后在报纸、杂志上发表的文字和照片，不放过任何一条小消息和任意一个小细节。再后来她又到各个档案馆去找材料，小方的好多照片都没有标题，所以非常不好找。那时候她天天去，借杂志看，但收获甚微，并没有找到什么。

有一段时间，在西黄城根的北京图书馆报库成了老太太每天必去的地方，她从单位开了张介绍信，在那里查了一个多月资料，每天半天时间，找到不少，比如《大公报》什么的。查到1937年9月30日的《大公报》之后就没有小方的音信了。找出来的东西，她核对了几遍，照片都是哥哥离家以后照的。尽管有些照片没有署名或是只署了中外新闻学社，但方澄敏还是一眼就能认出那是自己哥哥的作品，因为“有方大曾的气质在”。有的照片署名是中外新闻学社，老太太就把这些记下来，做个统计。她通过找到的资料知道了哥哥曾经去过哪里，身为小方妹妹的那份骄傲难以言表。就这样通过找资料和图片与哥哥隔空“交心”，成为方澄敏晚年最大的精神依托和赏心乐事。

她尝试着联系过一些纪念馆，但在20世纪80年代初那个百废待兴的时候，谁又有空闲理会这个势单力薄的老太太和她手里攥着的那几摞黑白底片呢！

1986年初夏，方澄敏揣着哥哥方大曾的遗物——几张120底片，来到离家不远的北京东单红星胡同61号中国摄影家协会。那时她已经七十一岁了，垂垂老矣，但拍摄这些照片的哥哥当年才二十五岁，永远二十五岁，永远是她心中那个青春、热情、才华洋溢的“小方”。哥哥又没有留下后代，作为妹妹她觉得自己必须为他做点什么，让他的气息不至于彻底从人间消逝。

在61号院的传达室，她问门卫可不可以找一下协会的负责人，门卫听了她的情况，建议她先联系《中国摄影》编辑部。创刊于1957年的《中国摄影》杂志是国内最早的专业级刊物，致力于介绍前沿的视觉表现方式和摄影技巧。当时是文字编辑吴常云接待了她。吴常云对摄影史不太了解，之前也没听说过方大曾，他让眼前的这位老太太等他的回信。后来他拿着方澄敏放在他那儿的几页资料请教了单位理论研究室的老人，被告知：这是一个被埋没的摄影师，应该赶快介绍他的作品。

吴常云根据方澄敏留下的地址找到方家。方澄敏取出一只木盒子，有一只小抽屉那么大，里面全是方大曾留下的底片。他一张一张地翻看。片子主要是 1930 年前后的社会百态和抗战前期的战地掠影，底片的保管情况一般，有的很旧并不是那么清晰了。他试着从《黄河组图》里挑出几幅构图讲究、人体很有质感、光影效果也不错的片子带回了编辑部。总编辑袁毅平看过后，很快同意发表表现黄河纤夫和黄河船夫的两幅作品。

照片登载在《中国摄影》1986 年第 3 期的“旧作新话”栏目中。事实上，这两张照片并不太符合该刊的唯美诉求，“旧作新话”栏目也很少出现，少数几次出现介绍的都是吴印咸这样摄影大家的作品。这一次算是破例了！吴常云还配发了一篇名为《历史尚需回顾——有感于方大曾作品的发表》的介绍文章。他写道：“我们从作品中，似乎可以听到一种被压抑的、愤懑的吼声，一种力量的凝聚。”

后来，方澄敏曾向吴常云表示：想把底片捐给中国摄影家协会。吴常云经请示领导，得知协会当时没有保存底片的条件，就婉拒了方澄敏的捐赠。此后，他再也没见到过方澄敏老人。

直到 1989 年底，小方留下的这些底片的命运再一次发生转机，经方家的上海故交李惠元先生引荐，中国摄影出版社年轻的编辑陈申和著名摄影评论家陈昌谦一同拜会了方澄敏女士。陈申对第一次到访小方家有过这样的描述：“真没有想到，小方的家离我的工作单位仅一箭之地，小院坐落于协和胡同的拐弯处，并不及北京大宅门四合院的规整与讲究，但显得非常古朴素雅，俨如房产主人一样保持着传统殷实又与世无争的恬淡本色。”方澄敏很怀念她的哥哥，几十年来她一直搜集着小方的资料，遍寻知情人。对哥哥的生死，她始终抱着一丝希望。但私下面对挚交时，她难免会卸下坚强，落寞而平静地说，“哥哥一定是牺牲了”。

也许正是由于这样执着的情感，方澄敏决心要为哥哥出一本像样的摄影作品集，她也就把希望全部压在她唯一认识的出版人——陈申的身上，所以才把全部的底片托付于他。陈申和方澄敏见面后没几天，就收到了方澄敏送来的一个小盒子和一封信，上写“今送上小方摄影底片一盒，共 837 张”。

陈申后来把这些照片逐渐地介绍给台湾及大陆的一些报刊杂志，一来是不负方澄敏的嘱托，二来是寻找机会让更多的人了解这个热血青年和他的作品。这其中就包括台湾著名摄影家阮义忠。看到方大曾的作品和了解了他的生平后，阮义忠为小方的非凡勇气和摄影技艺深深折服。他想在自己主编的《摄影家》杂志上为方大曾专门发表一期专号，在拜见了方家人并向方澄敏写了一张借条后，他小心翼翼地揣好精心挑选的 58 张底片踏上了飞往台北的飞机。那时候海峡两岸还没有直通的航班，他只能借道香港启德机场中转。谁知飞行途中遭遇台风，强风三番五次的颠簸让人五脏六腑都挪了地方，夫妻二人面面相觑，阮太太面如土色地紧紧攥住先生的手，所幸最后有惊无险安全着陆。太太缓了好一阵子，惴惴不安地问阮义忠：刚才快要完蛋的瞬间你在想什么？先生的答案让太太很感动也备感失落，他说：“我都来不及想我们自己，我只是在想，我真的不能让方大曾的这 58 张照片再罹难，那样可就相当于让小方再失踪一次了，这位可能是当时中国最优秀的摄影家，如果随着我们的空难而使他的作品永不为人所知，我会觉得太对不起他。”

回到台湾，阮义忠在自己家中的暗房里连轴工作了一星期，每放大一张照片，他对小方的佩服就又加深了一重，他认为小方的构图完美到极致，对瞬间的把握无可挑剔。小方的摄影表现手法纵是放在半个多世纪后的今天，依然是现代的，可以说方大曾与他同时代的任何世界摄影大师相比，都毫不逊色。这58幅方大曾的作品，成为《摄影家》杂志第17期的全部内容。

由于《摄影家》杂志高超的专业水准和在文化圈的广泛享誉，余华、唐师曾等都是通过它知道并了解方大曾及其作品的。作为摄影发烧友，余华说：“这58幅照片和不多的介绍文字吸引了我，使我迅速地熟悉了这个名字。我想，一方面是因为这个名字里隐藏着一位摄影家令人吃惊的才华，另一方面这个名字也隐藏了一个英俊健康的年轻人短暂而神秘的一生。”

据说当唐师曾第一眼看到方大曾的作品时，他坚称这些老照片绝对是20世纪20—30年代某位外国摄影大师的作品，因为他觉得那时中国不可能有这样水准的摄影师。

后来，唐师曾这样评价此前于他而言一无所知的方大曾——

> 在拂去了尘世的浮尘后，方大曾超越了作为一个纯粹记录者的价值。令人好奇的是，在当时封闭的中国，以他一个不具备多少摄影见识的爱好者，竟然在照片中灌注如此丰富的情趣和具有社会、历史研究意义的内容。在他之前以及失踪之后的半个世纪里，中国一直没有过自由摄影师，而方大曾的行为方式却几近无师自通地具有这个职业的影子。在一个缺乏考察民生、直面社会现实的文化传统

2000年春，冯雪松访问唐师曾（马东戈 摄）

的国度里，他几乎是凭着直觉感受并运用了摄影技术的力量。

这是中国又一代著名战地记者从专业视野评介方大曾的摄影艺术。

《摄影家》第17期内容刊出后，《焦点》双周刊、《人民摄影报》分别以“一个失踪五十年的天才摄影家”和“一个沉寂了六十年的摄影家”为题，对方大曾进行了专题报道并给予了极高的评价。

尽管在摄影界引起了热议，但在《中国摄影史》上，有关方大曾的记述仍是寥寥几笔带过，方大曾的名字仍然只是被一小部分人知晓。热度过后，一切重归平淡幽寂。

人力车队（方大曾 摄）

搬运工（方大曾 摄）

口泉矿上的碎煤工（方大曾 摄）

捡垃圾（方大曾 摄）

后来，曾经有人表示愿意出两万元替方澄敏出版这本摄影集。出人意料的消息让她在一段时间内很是满怀欢喜，她努力地回忆，条清缕晰地回味着几十年前与哥哥在一起的点点滴滴，那些哥哥交往的人与事。她还整理了作品目录，撰写了纪念文章。怎奈最终等来的却还是不能出版的回复，原因是“赚不到钱”。

家人后来在方澄敏的遗物中发现一封编辑来信，信中感谢她把发

灌溉（方大曾 摄）

表在《摄影文史》杂志的《抗战初期以身许国的新闻摄影记者小方》一文的七十元稿费寄回，捐赠给中国老年摄影学会做活动经费。

陈申先生后来回忆说：“我曾将小方的底片打样出来，陆续在报刊上发表了一些零星的研究成果。每次刊出后，都给方澄敏送去稿费。老太太也收，但过不了一个礼拜，她就买点东西再给我送回来，而且买的礼物比那稿费要贵。她并不上楼，每次就是把东西往门卫那儿一

找到哥哥是方澄敏一生的期盼（阮义忠 摄）

搁，然后叮嘱一下门卫就走了。次次都是门卫打电话给我说，老太太又来了！”

陈申始终记挂着老太太的心愿——将小方的遗作出版，遗憾的是，当时没有出版社对此表现出兴趣和意愿。

谁都无从知晓，每一次抱着热切希望等待、又每每以碰壁收场的方澄敏，会经历过和收拾起怎样的心情！她的外甥张在璇后来对雪松说：“姨妈总是抱着盒子念叨：‘这是全家人的念想，必须保存好。’”

后来她年岁大了，眼睛花了、耳朵聋了，越来越力不从心了，直至生命的尽头都还是小心翼翼地嘱托自己的亲属们好好收藏二十年来她一直收集的有关小方的资料，她会用颤巍巍的手一行行写着清丽小字，在一页页信纸上嘱托着自己的孩子和外甥们。

颐和园的冬天
（方大曾 摄）

青龙桥远游
（方大曾 摄）

逃荒者（方大曾 摄）

矿工们（方大曾 摄）

战后惨象（方大曾 摄）

凿冰取水（方大曾 摄）

在从陈申那里了解了这 837 张照片的前尘往事后，雪松觉得肩上更多了一份责任，具体是什么责任，他自己也不大能说得清楚。他更勤奋地穿越于各地之间。为筹备拍摄纪录片，雪松在国家图书馆查阅了大量 1935 年到 1937 年的报章，在《申报》《世界知识》《大公报》《良友》上，可以看到许多方大曾对战局、腐败问题和经济生活的描述。刊载这些照片的杂志散落在图书馆的角落里，令雪松吃惊的是，在他查找之前，它的借阅单上一片空白，也就意味着六十年来它们几乎没有一位读者。

在后来的采访中，唐师曾告诉雪松："我们今天所能看到的照片，拍摄时间大约就在两三年之间，充分显示了方大曾极广的兴趣范围。如果不是国难当头，我们很难设想他未来的摄影方向。即便是在那动荡的岁月，这个北方的小伙子、学经济的大学生，依然会在落日余晖里迷恋诗意的片刻。他拍健美的人体，拍农家孩子灿烂的笑脸，拍北平中央公园里的日本妓女，拍北方旷野里独立朔风的士兵。他的相机仿佛饥渴的眼睛，触动之处，尽是能燃起创作激情的人事与风情。"

文化学者午马先生曾在看到方大曾的作品后专门撰文《一九三七年的消失》，他写道：

> 作为一个摄影爱好者，方大曾所处的环境并不好。许多年前，中国的"摄影家"们还热衷于麇集在像上海、北平这样的都市里展示他们改良过的类似国画或时装照的摄影术，而出生于官宦之家的方大曾身上具有的朴素的民本思想却使他与这种沙龙气氛格格不入。他年轻的脸庞径直贴近冰冷的生活，缝穷者、人力车夫、纤夫、矿工等底层劳力者频繁进入取景框，逐步显示他作为一个卓越的纪实摄影家的可贵品质。

炮声响了，他与逃难的人群相悖而行

“作为战地记者，与死神打交道是经常的事情。没有不热爱生命的人，而和揭开真相、传递消息比较起来，生命除了是一个达到目的的工具外，就没有那么重要了，这就是高尚！”布列松对卡帕的赞誉，方大曾同样当得起。

冯雪松在研究中发现：如果仅仅从摄影的角度去评价方大曾肯定是不够的，他的工作始终是由相机和笔相伴随的，或者说是相互补充、相互依存的。他用相机让我们直面现实，用文章为我们勾勒思想、传递信息，照片是文字的印证，文字是照片的延伸，二者在小方的报道中相得益彰。

小方不但是一个很好的摄影师，而且也是一个不错的写手。

方大曾的成功，还有一个重要因素，那就是他和范长江的相识。范长江究竟向方大曾传授了怎样的新闻采写的独门秘笈，没有任何资料可以证明，但他和范长江的认识，他的水平与文风都大为提升了。此前，方大曾的文字报道不能说不好，但还没有达到一种极致。他的一些报道，就像有枝无叶的树木，虽有事实，但缺少一种灵气和生机，材料堆积过多，字里行间涌动不起激情的波涛。与范长江相识之后，他的文风大变，叙事风格颇像范长江，如《卢沟桥抗战记》《前线忆北平》《保定以南》《保定以北》《从娘子关到雁门关》《血战居庸关》等报道，如果不属名“小方”，大多数人会误认为出自范长江之手有着那种恰如其分的表达能力。后来小方以精湛的技法，把战地新闻写得惟妙惟肖、活灵活现、淋漓尽致。他的通讯，写得诚如刘勰所言，真正达到了“流连万象之际，沉吟视听之区，写气图貌，既随物以宛转；属采附声，亦与心而徘徊”的境界。（朱海燕《穿越炮火的祭礼》）

冯雪松在导演手记中写道：“从小方发表的战地通讯可知，他的足迹频奔于战斗猛烈的前沿，观察和拍摄，却极少提及自己的处境和危险。小方只描述战争和事实，更多的是让读者自己去体会和感悟。从冷静和客观的角度来看，方大曾似乎更接近于新闻本身的纯粹。但是他却好像从没有考虑过自己和危险之间的距离，全身心投入战事，努力报道出真相。”

“好的战地记者身上都具备用生命当火种的理想。小方在通讯中，也曾经描述过身处炮火和险境的时刻，只不过着墨不多。除去战火考验，采访中自然环境的恶劣，也是年轻方大曾的必修课，他下煤矿、访纤夫、去工厂、拍牧民，从他留下的照片看，这些呈现在我们眼中的看似平静的瞬间，有着背后多少不平静的辛苦，如果不设身处地，恐怕是难以想象的，在他从集宁到陶林的路上就可见一斑。”

通过掌握的资料，雪松还发现小方的兴趣非常广泛，他以摄影的方式，自发地参与关乎民族危亡的抗战，在拍战时风云时，他也拍了风光、民情，一方面彰显了才华，另一方面也体现出他对社会的细微关注，从中能够看到国家和民族的前途引发着一个年轻人的思考。在今天看来，小方自然朴素的情感是非常可贵的，摄影者的态度和喜好，从他的作品中是能够反映出来的。

作家余华在《消失的意义》一文中也写道：

> 方大曾的作品像是二十世纪三十年代留下的一份遗嘱，一份留给以后所有时代的遗嘱。那些在一瞬间被固定到画面中的身影、面容和眼神，却有着持之以恒的生机勃

冯雪松访问作家余华（马东戈 摄）

勃。他们神色中的欢乐、麻木、安详和激动；他们身影中的艰辛、疲惫、匆忙和悠然自得，都像他们的面容一样为我们所熟悉，都像今天人们的神色和身影。这些三十年代的形象和今天的形象有着奇妙的一致，仿佛他们已经从半个世纪前的120底片里脱颖而出，从他们陈旧的服装和陈旧的城市里脱颖而出，成就了今天的人们。

就在小方的作品越来越多地被采用，名字也被越来越多的人知悉，可是完全没有想到的是，在获得一个好运气的同时，坏运气也随之而来。

在石家庄短暂停留之后，方大曾一个人逆着逃难的人潮奔赴保定，可想而知，与战争相向而行是需要勇气的，当成群衣衫褴褛的难民迎面走来时，很难想象小方在那一刻的心情。

同为战地记者的唐师曾，在接受冯雪松的采访时，感同身受地说：“那时的心情首先是孤独，虽然是委派，但你是自愿去的，说明你是爱这项事业的，而这项事业是随时可以把你的生命夺走的。他从来没把生命当回事，他没有金钱，没有大的社会背景，他唯一能做赌注的，就是他的生命。”

每每想起小方，冯雪松的脑海里就会浮现出一句话：“一个伟大的选手，他迅疾勇猛地为自己和别人而战，命运设定他必逝于荣誉的顶点。”这是亨利·卡蒂埃·布列松对罗伯特·卡帕的咏叹，雪松觉得卡帕的中国同行方大曾同样当得起这样的赞誉——“作为战地记者，与死神打交道是经常的事情。没有不热爱生命的人，而和揭开真相、传递消息比较起来，生命除了是一个达到目的的工具外，就没有那么重要了，这就是高尚！”

在战火最为激烈的时刻，方大曾从蠡县寄出了为世人所知的最后一篇报道《平汉线北段的变化》，此后再无消息。根据他当时北上的采访路线和计划，人们最多的猜测就是他遇难于保定。

1937 年 9 月，与战争相向而行的二十五岁的方大曾，就这样与这个世界失联了。

那个永远意气风发、高大俊朗的小方再也不见了，他甚至连一场像样的恋爱都没有谈过。

越是了解小方多一些，冯雪松就越发心痛和惋惜，他觉得若不是战争催人老，生活被迫不得已的纷争干扰，我们应该会感受到更多小方轻快的笔触和松弛的气息。

从故纸堆里发现的小方，正直、热情、敏感、活跃，在《寻找方

方大曾在协和胡同 10 号自拍照

大曾》的拍摄过程中，这样的气质也始终围绕着冯雪松和他的团队，这个既熟悉又陌生的年轻人，一次次通过叙述和影像，让发现者感受着他忘却自我、热情投入，东奔西走一路旅行时内心的温度。

随着对资料的掌握，雪松发现：对于卢沟桥、对于抗战，原来还可以有另外的一种表述。有那么多来自第一现场的直接影像，有那么多历史节点上的通讯报道，这种有温度的图文是如此弥足珍贵。在开机前，冯雪松记了一大摞工作笔记，他用挖掘考古的搜索方式对方大曾的生存环境、工作方式、思想脉络和时代背景，积累了立体的形象的认识，为影像表达提供了基础。

故事若可以用来取暖，就在于这些细节的记录。

2000年7月9日，经过半年多通宵达旦的努力，纪录片《寻找方大曾》如期在央视一套播出，冯雪松虽身累却心甘，终于能给小方家人特别是方澄敏老人一个交代了。看着样片他还是觉得有不少遗憾，选题的最初立项是栏目内运作，由于当时经费有限，冯雪松曾经设想的追寻小方最后的足迹，从平津到晋察冀绥等地的计划遭到搁浅，片子涉及的地点最终只能以北京为主。

纪录片播出后没几天，冯雪松在食堂碰到了时任中央台社教中心主任的高峰，碰巧高主任也看了这部纪录片，二位一边进着早餐一边就着选题聊开去。曾是资深纪录片导演的高主任自然深谙这一选题的价值，听雪松说到未成行的外拍计划时，当场就拍板可作为社教中心的特别节目追加投入继续拍摄。一直为外拍工作未能如愿深以为憾的雪松听罢欣喜不已，要知道在中央台这样的单位，一部片子播出后还能再度追踪拍摄在当时是史无前例的。

冯雪松至今感念着高峰主任当年的独具慧眼和知遇之恩。

拍摄第二版前，冯雪松和摄制组做了大量更加细致的案头工作。作为纪录片来讲，他们希望用白描的手法来完成这个过程，仅仅随着人物的命运和事件走，不掺杂编导者的引导意见。

“电视作为展示形象的载体，不同于平面媒体，因为文章完全可以靠想象、文字来描述完成，而纪录片则需要真实形象的支撑，任何一个画面都要有依据、有来源，在这个过程中，我伴随着纸张的霉变味道，翻阅了数百万字的历史资料，确定拍摄的采访对象就有几十个，所拍摄和使用的视频资料内容达几十个小时，因为要在片子里表现整个的拍摄过程，既要建立方大曾生活的立体坐标，同时我还希望让观众知道，是什么样的一种环境一种动力影响着小方，他为什么要去拍这个东西。”

雪松认为，一个带有历史性的纪录片，既要有国际上的背景，还要有当时国内的一种现状。而这些对小方的心理一定是有影响的，并促成他由认知行为转化成了一种实际的自觉行动，因为时代的影响会决定一个人的价值取向。从接触小方的感受上讲，雪松觉得小方是一个具有高尚情操的青年，这种高尚体现在他的思想中没有党派这样的东西，完全是一种民本的、人本的朴素思想，这种境界的形成一方面是个人素养，另一方面离不开时代的影响。

2000 年 8 月中旬，冯雪松和他的工作拍档摄影师马东戈、杨京晶再度踏上寻找旅程，从北京、保定、石家庄、太原、大同到蠡县，行程两千多公里，从娘子关出雁门关，他们一路用镜头追寻着方大曾最后的生命时光。雪松说：“在方大曾失踪半个世纪后的《中国摄影史》里，有关他的篇幅屈指可数，这零零散散的篇幅成为追忆那个遥远年代的丝丝微光，我们拍摄的主旨就是将这些藕断丝连的记忆一点点焊接上。这种重现让人发现了那个时代方大曾身上的一种高尚、青春和牺牲。”

行进在六十多年前小方徒步走过的路上，马东戈时不时摇下车窗玻璃，将摄像机镜头对准窗外的青纱帐，摄下沿途田野的景色。马东戈默默地摄录着，杨京晶扛着摄像机一路跟拍。雪松采取的是双机拍摄，马东戈将镜头对准方大曾曾经走过的路和被采访者，而杨京晶则用镜头记录下寻访者的脚步，方大曾的步伐和寻访者的步伐交叠在一起，历史与现实相糅合。几乎是同龄却不同时代的摄影家们在错落的时空里惺惺相惜心领神会。

拍摄道边的田野时，几位农妇正用小镐头拾敛着地里的落花生，看见摄制组的车和机器，她们好奇地围拢过来，一字一顿地念着车身上的标识——“纪录片《寻找方大曾》，中央电视台社教中心，中国摄影出版社”，于是她们七嘴八舌地问：“方大曾是谁？”听到回答后，都摇摇头走开了，无一例外地，她们都认为这种寻找太难了！

就是在这种常人认为的不可及中，从1999年底到2000年秋，在接近一年的时间里，冯雪松带着他的拍摄团队两次往返于方大曾为人所知的最后路线。寻找和拍摄中，他们一路被小方的精神感召着，小方超越年龄的成熟行为和超越时代的深刻洞见令这些同业晚生深表叹服。面对小方留下的记录着一个旧时代的底片，还有小方家人数十年来无尽的企盼，雪松和他的战友们一次次义无反顾地踏上寻找的征途。

“在采访中，小方的力量让每个知道他的人都感到激动和惋惜，如同火种迅即耀亮，人们热切地关注着他的命运，揣度着他失踪的种种可能，不断地希望又不断地失望，倘若没有明确的终结，大家宁愿相信小方还活着。感动的心情一路伴随着我们，虽然辛苦大于收获，却觉得能拍这样一部纪录片，是一种幸福。”

在采访中，保定地方志办公室的孙进柱先生与冯雪松一见如故，在他的引荐下，雪松结识了当地的史志专家和日军攻占保定的见证者。史志专家尤文远为摄制组亲手绘制了《涿保会战示意图》和《保定防守战略图》，还介绍了1937年9月保定沦陷前后的情况。虽然并未找到与方大曾有直接关联的内容，但他们却在沿途播下了寻找方大曾的种子，渐渐得到社会各界热心人士的呼应，人们纷纷加入到寻找方大曾的行列中来。大约两年后，唐师曾就曾开着他的雪佛兰开拓者踏上寻找方大曾的旅程，一路沿着小方当年行走的路线逶迤前行，穿越宛平、卢沟桥、长辛店、保定、清苑、易县、倒马关、雁门关、平型

冯雪松（右）和摄制组在保定当年的战地寻访（孙进柱 摄）

关、大同、太原……

2000 年 11 月 8 日，在新中国首个记者节上，由高峰主任亲任旁白配音的第二版纪录片《寻找方大曾》在中央台播出。

在六十三年前的这一天，即 1937 年 11 月 8 日，中国青年新闻记者协会在上海山西路南京饭店成立，范长江在筹备时还说："如果小方在，他一定会来的。"因为范长江始终相信：小方不会有问题，"因为他的机智，足以应付非常事变"。

2001 年，纪录片《寻找方大曾》荣膺第十五届全国电视文艺星光奖。同年，同名图书由中国摄影出版社出版。这些熠熠星光的荣誉背后，是冯雪松拍摄团队数万里不惧疲惫的脚步，和其间历经的经费不足、线索中断、孤立无援等种种困境。

就冯雪松个人而言，困境还多了一重——和父亲的生死离别。

35mm 徕卡，父亲留在世间的“眼睛”

“父亲是有一个终点的，我看到了。方澄敏没有看到她哥哥的终点，她可能就是把这样一张照片，作为一个幻想和期颐承载在里面，她期待着他重现和归来。这种亲情，可能比我对父亲的情感更加浓烈和醇厚。”

2000 年 8 月 10 日，踏上第二次寻找之旅的冯雪松原本计划用七到十天为再拍《寻找方大曾》做前期采访，重走小方为人所知的最后旅程，并于当天下午乘长途车前往保定。此时，雪松父亲经过手术、化疗后，不到一年时间数度住院，人也日渐憔悴。尽管这样，老人还是放心不下旅途中的儿子，不时打电话叮咛雪松要注意安全注意休息。因为第二版《寻找方大曾》预计要在新中国首届记者节上亮相，由于拍摄档期紧迫，左右为难的雪松也就只能弃小家顾全局，把父亲完全留给母亲来照料了。

7 月 9 日，在首版《寻找方大曾》播出时，父亲是在医院里看的，看完后，他没有说话，冲儿子笑笑，然后双手竖起了大拇指。原以为拍摄任务结束了，该停下来照料一下久病的父亲，或者替换一下病榻前忙碌了大半年的母亲，但题材难得，重拍的机会难遇，再加上对小方的崇敬和对方澄敏老人的同情……再寻方大曾，还是留下来料理一下自己的家事，成为此时冯雪松面前的两难抉择。最后是雪松的父母为他做出了抉择，机会难逢、工作第一。

9 月 5 日，《寻找方大曾》再次拍摄的第二天，由于父亲的病情进一步恶化，老人不得不告别北京，返回呼伦贝尔老家。临行前，父亲塞给雪松五千块钱，叮嘱儿子工作别太辛苦，其实老人心里又何尝不知儿子正在面临事业上前所未有的挑战！

望着渐行渐远驶向故乡的列车，向来心性刚毅的雪松忽然感觉像被掏空了一样，一下子就没有了力气失却了依傍，对父亲母亲的抱愧一阵阵涌来，空旷的站台上雪松的身影孤独苍凉。那一刻，他哭了！

越是惦念病中的父亲，雪松就越是心疼为父亲日夜操劳的母亲。从火车站往回走的路上，泪水扑簌簌落下，思绪也一下子被拽回到小时候，所有的心事潮水般涌来——

其实，对父亲的记忆在他童年时是非常模糊的。甚至，父亲并不知道他的出生。雪松的父母都是祖籍山东，母亲家重视传统文化诗书底蕴，对晚辈要求比较严格。父亲家是旅蒙的边贸商人，为人处事更加圆润灵通一些。父亲和母亲的家世背景有很大的不同，母亲是1962 级内蒙古财经学校的毕业生。因为同是回民的缘故，雪松的父母在家里老人的撮合下很快结合了。然而新婚后不久，小夫妻的脾气秉性就显示出极大的不和谐，好强的母亲提议分手，在没几个人知晓的情况下，这段婚姻草草收场。

没过多久，母亲才发现自己已然怀有身孕，终是舍不得自己的第一个孩子，好强的年轻母亲把雪松生了下来，天天长在列车上的父亲根本不知道这个孩子的存在。直到有一天，父亲到一位好友家做客，看朋友家摆着一个大胖小子的可爱照片，父亲止不住连声夸赞，朋友终是忍不住告知了他真相，父亲这才如梦初醒。

年轻的母亲知道这些后，连着想了几个晚上，在雪松整一岁生日那天，母亲藏起她所有的骄傲，为着这个孩子，她抱起襁褓中的麟儿去找了雪松父亲，小夫妻得以破镜重圆。重新走在一起的两夫妇，原

冯雪松与父亲冯顺山、母亲马桂珍、弟弟冯雪岩唯一的一张全家福

来的问题都还在，只不过为了孩子，他们学会了隐忍。

这也是后来面对雪松的顽皮淘气，雪松的母亲会一边打一边哭的原因，她为孩子为家庭牺牲了她自己的理想。

年轻时聚少离多、性格不同、喜好迥异，但为了孩子一切也都走了过来，风风雨雨一路相伴过了三十余载。好不容易孩子长大成才，父母或许可以把当年沉潜的梦想唤醒放飞了，才刚刚 56 岁的父亲却一下子病倒了，善良的母亲在病榻旁任劳任怨地服侍着。自己那么努力，不就是想向双亲证明什么吗？一切都是这样猝不及防。望着自己的双亲，雪松就是替他们感到委屈和惋惜。还有一种不知所措的无力感，本来他们还可以有更多好日子的。

雪松说，他少年时缺乏自信，青年时奋发图强，可能都与自己这些成长经历有关。他总认为自己骨子里有一种悲情的成分，或许就源于此！

六天后，当冯雪松带领摄制组拍摄小方就读的中法大学旧址时，电话响了，最糟糕的事情终是来了——父亲病危！安排好工作，雪松马上乘坐第二天最早的航班往海拉尔飞奔，希望父子还能有缘见上最后一面。

当他赶到家时，羸弱的父亲正靠在病榻上睡着，一只手表被用胶带粘在他视线所及的墙上。母亲说他才睡一会儿，之前醒了就一直在看表，计算着雪松到达的时间。父亲已经几天没有躺下了，医生说癌细胞已经扩散到全身，脏器几近衰竭，应该是非常痛，但老人没有叫过一声，也未曾向家人说过他的痛。大约一刻钟光景，父亲醒了，目光缓缓地扫着眼前的人，吃力地撑住身子，费力地对着雪松挤出笑容并且含混地说：“耽误你工作了，大家都在等你吧？”

9月13日下午5时，父子相伴了一天之后，父亲走了，享年只有57岁。父亲走时，雪松也卸下了对童年往事的那一点点“耿耿于怀”，他从此不再计较年少时缺乏父爱的陪伴，不再纠结自己成长时刻父母间的吵吵闹闹。临终时刻，父亲在他眼中反倒成了一个无助的孩子。

三天后，处理完父亲的丧事，为保证纪录片《寻找方大曾》11月8日在新中国首个记者节上顺利播出，他带领摄制组继续上路。这一次，他的背囊里多了一张父亲的照片。返京后，雪松用父亲离京时给他的五千块钱买了一个35mm的徕卡相机，算作父亲留给自己的一个念想。他觉得这部相机就是父亲留在人世间的一双“眼睛”，他要用它拍摄社会的变化和五彩的生活，让天堂里的父亲还能够“看到”家人和这个世界的姿彩斑斓。

雪松觉得：“父亲是有一个终点的，我看到了，但是方澄敏没有看到她哥哥的终点。她可能就是把这样一张照片，作为她一个幻想在里边，她期待着他重现，也期待着他归来。那么这种亲情，可能比我对父亲的这种情感，更加浓烈和醇厚。你如果没有情感上的投入，是做不到的。”

2000年，雪松三十岁。这一年，他体尝了至亲别离的滋味。这一年，他走进了小方的世界，他认识了久盼亲人未归的方澄敏，他对“亲人”二字的含义，有了更丰富和深刻的理解。他了解了小方仅存于世的837张照片的“前世”，并将它们的故事用镜头告诉了世人。随着寻找的持续深入，在此之前可能是一种好奇，但到后来，寻找就不仅是对一个家族的交代，更是对一个民族的交代。

协和胡同 10 号院，绵绵等待无绝期

冯雪松觉得终于对方澄敏老人有一个漂亮的交代了，节目再次播出后，他为方大曾找回了“前世”。这个一心执念的人，是那么渴望为眼前的方澄敏做点什么！片子做完了，他忽然觉得：也许，自己还可以还方大曾一个“今生”。

著名作家余华曾在回忆文章中写道：

> 这似乎是人们的记忆存在时的理由，过去时代的人和事为什么总是阴魂不散？我想这是因为他们一直影响着后来者的思维和生活。这样的经历不只是存在于方大曾和方澄敏兄妹之间。无论是遭受了命运背叛的人，还是深得命运青睐的人，他们都会时刻感受着那些消失了的过去所带来的冲击。
>
> 在方澄敏长达半个多世纪的记忆里，方大曾的形象几乎是纯洁无暇，他二十五岁时的突然消失，使他天真正直热情的个性没有去经受岁月更多更残忍的考验，而经历了将近一个世纪动荡的方澄敏，年届八十再度回忆自己的哥哥时不由百感交集。这里面蕴含着持久不变的一个妹妹的崇敬和自豪，以及一种少女般的对一个英俊和才华横溢的青春男子的憧憬，还有一个老人对一个单纯的年轻人的挚爱之情，方澄敏的记忆将这三者融为一体。

冯雪松初见方澄敏时，脑海中对方澄敏的印象与余华如出一辙。冯雪松认为："中国摄影界应该特别感谢方朱理老太太和方淑敏、方澄敏姊妹，出于亲情她们保存了这个木盒和那837张底片，让我们领略了中国新闻史和摄影史之外的小方。当摄影术在中国还很年轻的时候，一个同样年轻的手指，经意和不经意间留住了一个个永远鲜活的生命和他目光温柔抚摸过的时代。”

方大曾与母亲方朱理（右）、妹妹方澄敏（中）存世的唯一合影

这是后来陈申和方澄敏聊天时，小方妹妹的回忆。

> 其实很多女孩子都很喜欢哥哥，他们经常一起出去旅行，他喜欢玩儿，她们也愿意跟着。但可能是因为哥哥太穷了，所以也没听说谁跟他有进一步的往来。那些人都是家境比较好的。其实，哥哥可能当时也没有那个心思，就是关系不错、大家思想都进步而已。她们后来有来家里问小方回来了吗？有的人听说小方没回来，慢慢也就不再来了。

1969年，小方的妈妈以八十四岁的高龄驾鹤西去。这位读书不多、会些中医、心慈面善、一生向善的女人，临了都始终相信自己的儿子还活着。

在接触的整个方大曾一家人的群像中，方大曾的母亲方朱理是最让人泪目的一个角色。

方澄敏在接受访问时说："我父亲根本不管家里的事情，我母亲是个开明的北平老太太，毛主席的五卷著作，她看过四卷。她自学过中医，邻居都知道她会开药方，有了小病都找她，也没挂过牌，没参加过工作。后来解放以后，招医生，她还去考了，当时都快七十岁了，妈妈初试考过了，人家看药方也开得不错，就是年纪太大了，复试就没取上。妈妈还挺生气的，因为她特别爱好医学。"

小方的外甥张在璇，小时候曾不止一次问过外婆关于舅舅的下落，外婆说你去问街坊老孙，拉洋车的老孙告诉他，"可别再问了啊，不然你外婆该难受了"。只要一提起舅舅，大人们言语间总是语焉不详，仿佛说出来就会扯出痛。善良的街坊们谨遵口德，约好了似的都不愿意往那个最坏处想。

祈盼儿子平安归来的方朱理，
她在寂寞等待中度过了三十二年

方家老太太一天天憔悴一天天老去，老人出屋的时候越来越少，有时候被孩子们搀出来晒晒太阳，她一定会颤巍巍地挪动到小方冲底片的灰色小木屋前，在屋外到处转转、摸摸。这间屋她是轻易不肯让别人进去的，她怕他们把儿子的东西动乱了。

孙辈们小时候还问过外婆："看看人家都搬到新楼房了，咱们家怎么不搬？"外婆说："我不搬，我要在这里等着我儿子，我们娘儿俩梦里约好了，他以后回来是要到这儿来找我的。"

有一张没有署名的不知是谁拍摄的照片，冬日残阳斜照，落日余晖下的院落里，小方母亲头戴毛线帽子围着毛线围脖，着一件素色中式斜襟棉袄，为了保暖袖着手，独坐于庭院的廊沿下，肃穆笃定地望向远方，面目慈祥但眼神少了光彩，容颜富贵但眉宇间却纠缠了一缕凄婉。她的心定是因着这说不出的失子之痛年年岁岁黯淡了下去！

方家小辈懂礼数，从不触碰老太太的伤口，总是很有礼貌地安抚她。当听惯了外孙由叫自己“外婆”突然改口叫“奶奶”后，老人先是愣了一下，过了一小会儿，老太太摸了摸外孙的头，什么也没说，转身回了自己屋子。那个午后，奶奶再也没有出来过。也是从那一天起，老人的笑容更少了。

从小方失踪到方朱理老太太 1969 年辞世，她经历了三十二个年头的漫漫等待，一年复一年的守望、一年复一年的失望，唯有院落里儿子冲洗底片的灰房子与她的心相伴。在知道自己来日无多时，老人常常跟身边的澄敏念叨：“等我走后，把院子里的小灰房子拆了，就用它的木头给我打口棺材吧！”老太太含混不清费力地嘱咐着，澄敏

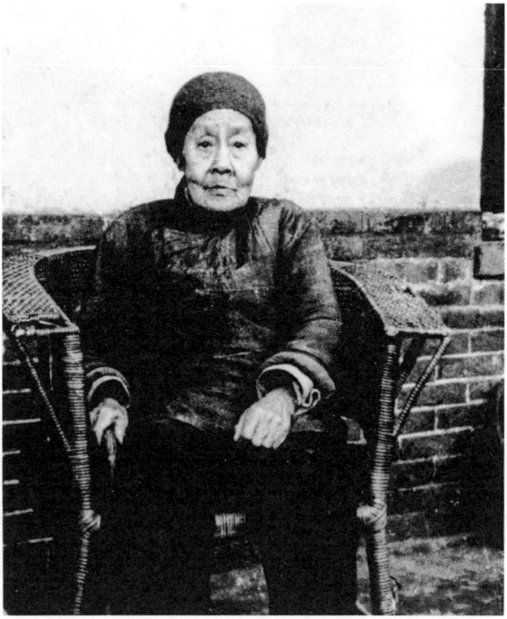

步入暮年的小方母亲

在母亲跟前潸然泪下地应着。

很难想见方老太太在她生命的最后三十二年里到底经历过怎样日夜期盼又不可言说的煎熬，无论怎样虔诚地等待，这位聪敏贤达、有容乃大的母亲终是未唤回她心爱独子的归来。临走前，她想到这个方法与爱子在另一个世界里魂魄相依。只可惜，后来，小灰房子的木板没有随她而去，方大曾冲洗过底片的小房子后来成了鸽子窝，再后来被拆了，木板被一斧斧陆续凿下，当成劈柴烧了。

继续承载着母亲这一份执着守望的，是后来留在京城的方澄敏一家。

一直到 20 世纪 90 年代初，她都还住在协和胡同 10 号院内，日趋老迈的方澄敏一有空闲就擦拭着那个存有小方底片的失而复得的木盒子，小时候常常懒得倒洗脚水的哥哥便会在这一时刻重又出现在她眼前，流连在院子里灰色的小木屋前面和氤氲的枣花香氛中。她始终期待着小方的作品能够重新问世，让人们看到哥哥镜头里曾经存在过的年代和已经消失了的瞬间。

和母亲一样，直到后来，方澄敏依然不能完全接受哥哥死去的事实。她内心深处始终隐匿着一个幻想：有一天她的哥哥就像当年突然消失那样，会突然地出现在她的面前。

《摄影家》杂志所编辑的方大曾专辑里，第一幅照片就是白发苍苍的方澄敏手里拿着一幅方大曾的自拍像——年轻的方大曾坐在马上，既像是出发也像是归来。照片中的方澄敏站在门口，她期待着方大曾归来的眼神，与其说是一个妹妹的眼神，不如说是一个祖母的眼神了。

90 年代初期，随着方大曾渐渐被少部分人知悉，曾有一个美国耶鲁大学的教授想出高价钱买一部分小方的底片，并不富裕的方澄敏本可以借此改善一下家里人的生活，但她思忖再三还是选择了拒绝，理由是她不知道人家买这个照片拿去做什么用途。

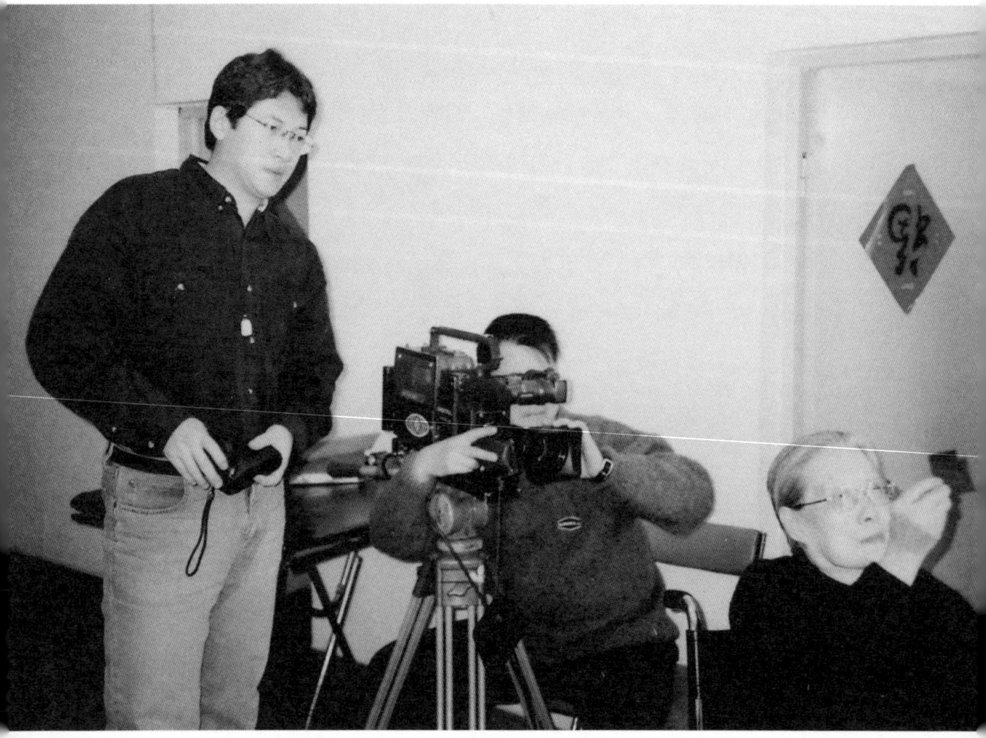

纪录片《寻找方大曾》拍摄中的冯雪松和方澄敏（陈申 摄）

纪录片拍摄时，冯雪松导演把方澄敏整理哥哥照片的镜头放在了最后——她坐在轮椅上，拿起底片举过头顶，朝向有光线的窗子，黑白片的轮廓即刻被照亮，她的嘴角微微翕动，欲言又止，眼泪顺着面颊扑簌簌滚落，她的内心再次被哥哥的气息唤醒和牵动。被定格在几十年前的景物重现又消失，年轻的记录者方大曾不知所踪……

此刻，唯有回忆不断安抚着方澄敏的思念。房间里没有一丝声响，只有摄像机在默默转动，镜头前拍摄中的指示红灯一直亮啊亮闪啊闪。此刻，在场的所有人都多么希望摄影机的微光能穿透时空，射到时空的那一端，引领着小方回到协和胡同10号院，回到故人身边。

冯雪松在导演笔记中这样写道：

> 拍摄方大曾缘于一份传真，实属偶然，细一想却也必然，没有价值观的认同，即使遇到了这个题材，也会形同陌路。布列松说：“摆拍出来的照片是没有生命力的，很容易被人遗忘。”如果我们拍摄的东西是经过改装的，那就不真实，最重要的事情是表现那些具体生动的东西。我们拍摄照片，是为了使生活更加丰润，因此不应该用公式和教条来拍照。我们应该尊重现实，现实生活往往比我们头脑中的想象更加丰富。
>
> 也许，他就是为了那个时代而活的，而他的思想和行为又完全超越了那个时代，即便是以今天的眼光来看，他的观念和思想仍然不落后。其实，纵观历史，不断落后的唯有物质，历久弥新的才是精神。

正是对方大曾价值观的极度认同，他才会与小方“一见钟情”——年轻的方大曾虽然没有来得及像布列松一样把自己的摄影理念总结出

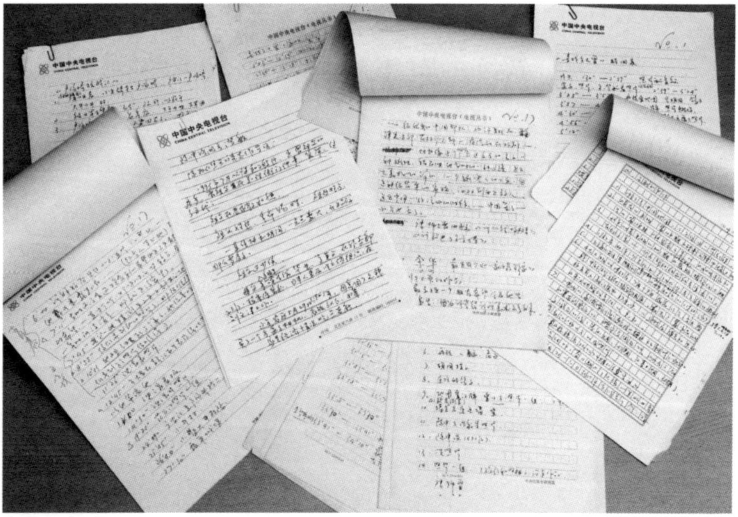

冯雪松拍摄《寻找方大曾》时的导演笔记

来，但作为一名现实主义摄影家，他正是以真实为原则，践行着自己的行为，他留下的每一帧照片都是如此，不矫揉、不做作，直指人心。

雪松常常在想，方大曾失踪时只有二十五岁，而他留下的作品却如中年人一般的沉稳和成熟，他的观察与思考，为我们了解 20 世纪 30 年代提供了详细的说明和珍贵的范本。如果他继续存在的话，完全无法猜想会有什么更惊人的举动。完全有可能，他和范长江会是双星并耀、双峰并峙。

只因那一霎回眸，濠江江畔情定终身

问唯鹂：“雪松浪漫吗？”她会轻声细语地很骄傲地答：“当然浪漫啊！如果我们俩都饿了，但食物只有一份，他绝对会把全部的食物都给我吃。我们刚结婚时，储蓄并不多，雪松用自己珍藏的两块翡翠玉佩为我换成了一枚钻戒。”

在《美术星空》栏目组，雪松待了一年多，做的最主要的节目就是纪录片《寻找方大曾》，后来他被中央台社教中心调出来，专门和中央文献研究室和中央党史研究室，以及国家七部委的同志组成专题栏目组，拍摄庆祝建党八十周年的献礼片《使命》。这部片子做了半年多，在 2001 年 7 月播出，荣膺当年中共中央宣传部“五个一”工程奖特等奖，同时荣膺特等奖的还有电影《生死抉择》、电视剧《长征》。

做完《使命》之后，雪松又被作为业务骨干调到《家园》栏目组当主编，在那里没待多久就被台里外派到澳门驻站，当时中央台驻外记者基本都出自于新闻中心和海外中心，从别的中心抽调被外派，雪松还是头一个。因为工作业绩突出，一年多后雪松被升任为中央电视台驻澳门首席记者。

从二十岁到三十三岁，冯雪松在他的职业生涯中一路打拼，好强敬业的他甚至来不及回望一下来时路上的风景，在中央电视台几个部门任职，周边美女无数，他却一直孑然一身。在《美术星空》栏目组时，有个女孩对他相当钟意，但这段朦胧的感情最终随着各自对事业的奔忙无疾而终。来到澳门任中央台驻澳门首席记者后，雪松因其出色的工作能力和一贯的好人缘，再加上相貌堂堂，自然就有很多朋友关心起他的终身大事来。

雪松和太太是在澳门航空公关部经理龚晓庄女士的牵线下结识的。龚晓庄是北京人，先于雪松早几年到澳门，她的工作之一就是与驻澳门的几家中央媒体的外派人员打交道，本来都是工作关系，但相处久了，大家就变成了知己好友。龚晓庄出身于北师大书香世家，学历了得，魄力了得，她在中央党校当过教师，后来又在演艺公司担任过高管，曾成功组织张艺谋“图兰朵”太庙演出，不惑之年后又只身来到澳门开创新事业，在澳航干得风生水起。凭借自身的傲人才华和丰富的阅历，龚晓庄可是不肯轻易夸人的，但是她极为欣赏冯雪松。

在龚晓庄眼里，雪松是一个业务能力超强又处处为人着想的人。得知雪松还是单身，快人快语永远热心助人的晓庄便为他做起媒来。雪松还一个劲儿地嘱咐她：“可别光说我是中央台的记者，还得跟人家说，我的家庭条件就是一般般，咱们实事求是心里踏实。”

晓庄想来想去，公司有个 Voila，名字也好听，叫刘唯鹂，是个上海小姑娘，学历高、英文好，特别漂亮，要不把他俩撮合一下。但她心里也打鼓：Voila 自身条件这么好，身边又不乏各种追求者，会看上比她大九岁的雪松吗？晓庄很自然地安排了一个饭局。那天 Voila 恰恰刚飞回澳门，得到晓庄的邀请后，这位乖乖女在打电话给妈妈报平安时还问了问妈妈要不要去赴约，妈妈自然是建议她多出去转一转交交朋友。

在雪松和唯鹂相识之前，龚晓庄心里是完全没谱的，可转念一想，反正有很多朋友，大不了大家一起吃个饭热闹一下呗。那天的晚餐，雪松因为有采访迟到了一会儿，就见他风风火火地走进餐厅，斜挎着包，冒着汗，一看就是紧赶慢赶跑来的，当看到唯鹂时，他有些不好

冯雪松与刘唯鹂

意思地说，自己应该穿得更正式些的。他那时的每一个表情和说的每一句话，唯鹂至今都记得，姑娘当时的感想是：这个人好风趣呀！

过了些日子，龚晓庄问雪松和唯鹂有何进展，雪松莞尔不答。又过了些日子，她带着唯鹂等几个优秀乘务员到深圳为澳航做推广活动，中午就餐时，望着满桌美食，晓庄发现唯鹂基本没动筷子，一细问，原来是因为尊重雪松回族的生活习惯，唯鹂从熟识他的那一天起就自觉地不再吃猪肉了。瞥见这个细节后，龚晓庄特别感动，她得意把唯鹂这么乖巧精致又特别懂事的姑娘介绍给雪松，自己真是太有眼光了！

晓庄回忆说，后来让她特别感动的还有一次，大概是他们刚新婚的时候，在澳门街头她偶遇唯鹂和一位打扮得体的阿姨，唯鹂兴奋地告诉龚晓庄，自己正陪妈妈逛街呢！她所说的妈妈其实是雪松的妈妈、她的婆婆，当时只有二十四岁的唯鹂陪着雪松的妈妈逛街购物，她给婆婆买护肤品和保养品，给婆婆买新衣服和化淡妆。晓庄说，这就是唯鹂的为人，私下对家人如是，在工作上对待同事也相处融洽。

在生活中，虽然唯鹂是南方人，但她性格有时候是大大咧咧的；雪松虽是北方人，但却心细如发，两人的性格刚刚好是互补。谈了八个月的恋爱后，2004 年 4 月 24 日，这对般配的璧人走进了婚姻殿堂。因为双方的家人在一南一北，两人的朋友也是在京沪澳三个地方，婚事也就没有大操大办。唯鹂丝毫没有挑剔，满脸洋溢的都是知足与幸福。问她："雪松浪漫吗？"她会轻声细语地很骄傲地答："当然浪漫啊！如果我们俩都饿了，但食物只有一份，他绝对会把全部的食物都给我吃。"他们刚结婚时，储蓄并不多，甚至没有钱买一个很像样的钻戒。雪松手里有两块翡翠玉佩，他喜欢翡翠，这是他到澳门后省吃俭用攒钱买下的，本来想送给太太，但细心的他发现唯鹂更钟意的是钻石，于是就悄悄地拿着翡翠玉佩去换成了一枚钻戒。

生活中诸如此类的细心和担当，给了唯鹂十足的安全感。

工作中，雪松的事无巨细和精益求精也让龚晓庄等一众朋友交口称赞。

2005 年第四届东亚运动会在澳门举行，这也是自 1999 年澳门回

冯雪松采访澳门首任特首何厚铧

归以后，澳门特别行政区承办的最为重大的国际赛事。因为此前完全没有类似的经验，澳门特别行政区政府极度重视本次赛事，雪松这些央媒外派的得力干将自然成了转播本届东亚运动会的参与者。因为澳门航空是东亚运动会的指定运营商，这次赛事亦成为龚晓庄宣传澳航发展客户的大好时机。

本届东亚运动会，中央台首次派出七百多人的转播团队，同时本

冯雪松与赌王何鸿燊合影

次赛事也是中央台为2008北京奥运会进行的一次转播大练兵。不光中央台，澳门特别行政区、中联办都对本次东亚运动会的报道极为重视，先后派出十几个考察组。龚晓庄说，其实那时候他们都是一路摸索着过来的，为宣传这次赛事，雪松是下了大力气的，安排来澳人员的一切吃穿住行，及至邻近赛事，又要面临着怎样协助转播团队顺利进行设备通关、租用转播车以及怎样把它们顺利运抵澳门等问题。而在此之前，他们对这些都是毫无经验的。到最后开赛前夕，怎样协调不同的单位、怎样安排各位上宾的衣食住行，以及不同嘉宾的礼遇规格，都是雪松逐一安排和协调的。他有条不紊地与团队逐一安排了各个技术组、转播组一共几百个人的衣食住行。

作为雪松的好友兼拍档，比他年长十几岁的龚晓庄甚至非常钦佩眼前的这个年轻小伙子，她说："雪松永远是替人着想的，事事与你

冯雪松跟拍中国澳门代表队参加 2003 年在韩国大邱召开的第 22 届世界大学生运动会

商量着来。永远是和风细雨地用商量的口吻问：‘晓庄，这件事怎么办呢？你看这样好不好？’这样的谦和态度让人无法拒绝他。即使遭遇再懞头的难题，他也能始终保持不温不火。”雪松的能干、敦厚和周到让他在澳门收获了好口碑、好朋友和好业绩。他出色的公关能力、协调能力和统筹能力得到了当时台领导的赏识。作为协调和统筹角色的雪松，不光只想着为中央台省钱，他还处处想着为澳门政府避免不必要的开支。因为他出色的安排，澳门政府的许多官员对此都很满意。后来雪松陪时任台长赵化勇拜见何厚铧，特首表彰了雪松为东亚运动会做出的努力，还很认真地对他说：“既然是在澳门喜结良缘，不妨喜上加喜也把小孩子生在澳门吧！”

其实，当时雪松是有时间和精力在当地读个学位的，让孩子落户澳门也是易如反掌，但他和唯鹂都那么本分和规矩，他们认认真真为人处事，丝毫不动花哨小心思。在澳门担任首席记者期间，雪松除了负责东亚运动会等重大宣传报道的策划和组织工作，还担任了澳门回归纪念等宣传工作，此间他出众的策划能力和组织能力得到大家的广泛认可，也为他日后回中央台即被派到刚成立的公共关系处工作埋下了伏笔。

2007年春天，雪松外派任期结束，唯鹂也即将在上海临盆。不久，他们的爱情结晶冯瑞濠诞生了，宝宝名字中的“濠”寓意澳门的濠江，旨在纪念夫妇俩的定情之地。

尽管三年间唯鹂和雪松比翼齐飞，年轻的她在澳航干得顺风顺水，一路从乘务员做到乘务部主任。但雪松在哪里，唯鹂的家就在哪里，澳航的薪酬再丰厚，终也抵不过唯鹂一颗相爱相随的心。她毅然辞去澳航优越的工作，和雪松一同回到了北京。

2007 年秋，雪松履新到中央台新成立的公共关系处任副处长，唯鹂在家专心相夫教子。

尽管后来不再一起工作了，龚晓庄一直都是雪松和唯鹂的挚友，后来她也回到北京工作，有空时会常和雪松一家小聚，她一直对唯鹂赞赏有加：“唯鹂真是一个心地纯良的人，她特别专心，在家时就好好持家照料孩子，出来工作时又特别恪尽职守。雪松这么多年几乎所有的周末都是走在寻找方大曾的路上，家里一应杂事全都是唯鹂在打理，她的年龄也不大，连做饭都是从头学起，但她尽力把一切安置得井井有条。他们也是普通的家庭，现在仍是有房贷按揭要还的，雪松做公益来往的路费和食宿费都出自他们的家用，如果唯鹂给他一点脸色，雪松又那么地爱唯鹂，他一定会把节奏慢下来的。但是这么多年过去，唯鹂永远是巧笑倩兮，轻言细语地默默支持着雪松。”

即使是在澳门的五年，雪松依然没有放下对方大曾的研究。即使在他乡，无论是在他居所的书架上还是在背着的行囊里，始终都有和方大曾有关的书籍或资料。他说，最初的寻找可能完全是出于对人物的兴趣和探求未知的欲望，但随着寻找过程的深入，不知不觉就变成了对一种高尚精神的认同和追随。“我看到了一幕悲剧，但我同时感受到了悲情中的勇敢！”

本以为是一个选题一部纪录片，拍完了，获奖了，对方家人有过交代了，就可以画上句号了，但每次刚要打算和小方就此别过，这个圆圈就又被悄悄打开了，或许这就是小方失踪未解之谜的魔力，抑或是被小方的高尚精神时刻感召！冯雪松觉得，对于历史的记录，一旦投入便很难离开。

新工作逐渐步入正轨，雪松马上开始着手准备撰写有关方大曾的著作。“尽管方大曾的辉煌只有短短两年，但他流星般的耀亮和迅失使人们在惊叹他才华的同时更留下无尽的唏嘘与叹息。不只是我，还有寻找过程中的许多人都对此感同身受。在找寻中，我总是不断猜测，又总是心有不甘。如果没有下落，小方就是我永远的课题。”

雪松把业余时间全部铺在对小方的研究上，同时在台里兢兢业业展开新工作，片刻不曾偷闲。在2008年汶川地震后，他又干了一件看似不可能的漂亮事。大地震后，中央台八十多位在西藏取圣火的同事滞留在藏回不来，雪松克服困难协调民航总局、中国国航等几个部门，最终调动专机把他们接了回来。当时这些同事都已经在西藏夜以继日地工作了几十天，人人身心俱疲。雪松在机场迎候着他们，这些同事很多都转播过澳门东亚运动会，与雪松打过交道。大家见面的一霎那都很激动！类似这样的事，雪松还干过好多。

冯雪松伉俪在澳门卢九花园

两年后，公共关系处取消，变成了综合处，雪松的工作转向台里大型活动组织策划和实施，以及负责落实台分党组工作的执行。全台一把手会议和全台的值班值守，都是雪松这个综合处牵头调度的，因此他也连续十年担任“春节联欢晚会”领导小组办公室成员，也就是说他有十个“年三十”没有跟家人一起度过。

为了更好地跟进工作，也为了更好地锻炼自己的业务能力，雪松当时还在南开大学念了一个管理学的硕士课程。即便是这样忙碌，他还是没有放弃寻找方大曾，他就是想让更多的人知道小方。在每一个周末，他会重新沿着当年小方走过的线路重游遗迹寻访故人，春夏秋冬皆如是。他沿着小方见报通讯中的描绘，置身于同一条土路上、同一片庄稼地里、同一缕艳阳下，在四季交错的时空中感知小方的存在。

步履所至，在他的面前，当年小方笔下小南村的观音庙已是断壁残垣，院落的围合格局依稀可辨，但从前的旧模样却无处追寻，徒留几棵枯枝残干支棱着伸向空中，观音庙名副其实成了历史的后院。老树的枝干皴皱凋敝，仿佛是风烛残年的老人。它可曾记得几十年前那个“挎着相机的年轻人”？除却一片废墟，历史再无回响。

黄土掩埋了历史，也掩盖了一代人，但却唯独掩藏不了冯雪松对那个人和那段历史倔强的探问。

当时光带走了战场的硝烟，世界又重回短暂的和平，历史再度证明，把私人利益作为追求目标的人，精神不远；把公众利益作为追求目标的人，精神不朽。我们今天重新审视方大曾，不完全是为了膜拜和礼赞，更为重要的是通过他来反省我们自己的行为和反观我们自己的灵魂，以镜鉴之用，审视自身的存在价值和道德品质，这才是我跋山涉水、求索历史、无怨无悔寻找方大曾的真正意义。

冯雪松就这样用十几年的业余时间寻找方大曾。通常他会坐长途车来回，会在小旅馆落脚。

冯雪松就是这样执拗地一遍遍出发，他已经由一个《寻找方大曾》的纪录片导演变成了方大曾的家人。2006 年 3 月，在和陈申等不遗余力的努力下，方大曾遗留的 837 张珍贵原版底片，由小方的家人无偿捐赠给中国国家博物馆。在捐赠仪式上，纪录片《寻找方大曾》再度播放，方家三代人精心保管近七十年的历经多重战火磨难的这些珍贵影像史料，终于找到了令所有牵肠挂肚者都满意的归宿，成为中国全社会共有的文化记忆和财富。

千里走单骑：一本书带来的诸多改变

2012 年恰逢方大曾百年诞辰，雪松邀请陈申和小方的外甥张在璇在央视网做了一期《一个时代的倒影——寻找方大曾》的纪念访谈，但在整整一个小时中，没有一个网友来跟他们互动。无人回应的阶段伴随了雪松很长的时间。

"与青春相连的记忆总是美好的，而与方大曾连接起来又多了几分酸楚，尽管他给我们留下了那么多轻松的文字和生活图景。从知道他到今天，已有经年，一路走来，无论我走到哪里，总感觉他如同亲人一样伴随着我，时而给我激情，时而给我思考和力量，方大曾业已成为我此生挥之不去的一个牵挂。我总在想，相比较之下，今天二十五岁的年轻人，又在想些什么做些什么呢？"

用纪录片的方式，用写作的方式，用讲演的方式，冯雪松不放过任何一个向身边人讲述小方的机会，有人被他的执着所打动，也有人认为他有些傻。但他好像认准了一样，寻找方大曾就是他的一部分人生。

在寻找的旅途上，他付出热忱付出时间付出金钱，并尝试过各种努力。

除了寻找资料之外，他不断做着各种积极的推广。比如个人博客里经常提到方大曾，像"小方今年99""方大曾是否在人间"等主题，他写过很多，但起初应者寥寥。2012年，因为恰逢方大曾百年诞辰，他邀请陈申和小方的外甥张在璇，在央视网做了一期纪念访谈，叫作《一个时代的倒影——寻找方大曾》，想以此方式祭奠一下小方的百岁诞辰。但特别遗憾的是，在整整一个小时的访谈中，没有一个网友来跟他们互动。无人回应的阶段伴随了雪松很长的时间。

曾经连身边的人都劝他放弃，但冯雪松依旧千里走单骑咬咬牙坚持了下来！十几年来，他无数次地路过小方曾经的家，周围星级酒店林立，东安市场繁华如昨，物质世界的繁华正迅速删除着往昔的情感记忆，那个不知疲倦的青年的身影被岁月隐匿了起来。随着一代人的老去，他的样貌正一点一点被旧时光阴卷走。

方大曾，他不应该只存在于亲人默默的怀念中。冯雪松不甘心！

上苍终还是眷顾有恒心之人！令冯雪松没有想到的是，这段踯躅独行的寻找之旅因为一本书稿的邀约局面洞开。2013 年，在陈申的推荐下，上海锦绣文章出版社找到雪松为方大曾写一本书，打算在 2015 年纪念抗战胜利七十周年这个节点推出。雪松 2014 年 3 月开始动笔，6 月就交稿了。这期间他无论走到哪里都是随身携带一台电脑边构思边修改，哪怕是出差到国外的飞机上，同事问他这是在干吗，他笑曰“写作业”。雪松事后回忆说：“其实那时候我的压力是很大的，总觉得如果是写方大曾传记的话，我可能写不出来，因为对小方还有太多的未知和空白。但当我把所有资料整理好之后，发现在这十几年中，由于和小方在灵魂深处共处太久，似乎我和他越来越像，甚至彼此意会可能已经合而为一了！我就想，我干吗不以一个纪录片导演寻找他的角度，一点点从历史的尘埃当中把他浮现出来呢？于是我想到用纸上纪录片的方式来写这本书。”

正是在这一设想下，冯雪松沉潜十余年的心路历程在百多天的时间里集中迸发。他将这本书视为对多年来寻找方大曾的一次总结，丝毫没有考虑任何利益因素，甚至在出版合同上他只填写了个人信息，

十多年后再次走进协和胡同10号（冯雪松 摄）

其他包括版税等都任由出版社处理。当年10月，《方大曾：消失与重现——一个纪录片导演的寻找旅程》由上海锦绣文章出版社付梓出版。

见到样书后，雪松和陈申都觉得这本书能够出版就是一种胜利，起码是对小方和他的家族有个交代。然而令他们始料不及的是这部书的问世和流传带给他们各种柳暗花明的惊喜，就像集束炸弹一样引爆了多年埋下的炸点，寻找方大曾这件事不仅开始为人所知，而且引发了大家越来越多的兴趣和共鸣。

同时让大家啧啧称叹的还有陈申和冯雪松这两代人“横下一条心、走定一条路、做成一件事、万里寻一人”的新时代媒体人的职业操守。

《方大曾：消失与重现》荣获第十一届全国少数民族文学创作骏马奖

如果说寻找的过程是一种表达敬意的仪式，那么关注与认同则无疑是对跋涉者最高的礼遇。

新书出版后不久，范长江先生的儿子、汕头大学长江新闻与传播学院院长范东升老师为雪松写了一篇书评《用生命当火种的人——读〈方大曾：消失与重现〉有感》，发表在 2014 年 12 月 12 日的《光明日报》上。随后，《光明日报》的《书摘》杂志也推出了对这本书的介绍。从那个时候开始，媒体渐渐地知道了方大曾这个人。2014 年 12 月 24 日，人民日报社的《环球人物》周刊发表了对冯雪松的专访《方大曾：永远 25 岁的战地记者》。

《方大曾：消失与重现——一个纪录片导演的寻找路程》先后荣

获第十一届全国少数民族文学创作“骏马奖”和第二届中国新闻史学会“新闻传播学国家学会奖”组委会特别奖。

到2015年时，民众对寻找方大曾的关注集中爆发，社会对寻找方大曾的关注度越来越高。

2015年2月11日，中新社发布了题为《“七七事变”报道第一人方大曾传记出版》的消息。几乎是在同时，新华社又于2月12日编发题为《〈方大曾：消失与重现〉出版——“七七事变”报道第一人浮出水面》的新闻稿。

《大公报》北京分社总编辑孙志女士在看到《方大曾：消失与重现》一书后，辗转通过朋友联系到雪松，问他：“你的这本书方汉奇老师知道吗？”在孙志的提醒和鼓励下，冯雪松在2015年2月18日拜访了中国新闻史学会创会会长方汉奇教授。

那天是2015年的春节前夕，刚一见面，方老就拉住雪松的手说：“你做了一件大好事啊！当时许多文字记者并不具备摄影条件，方大曾绝对是卢沟桥抗战报道第一人。”不仅如此，方汉奇老师还专门写下几段话，对方大曾作品以及对冯雪松的研究给予高度评价：“把湮没了八十多年的一位杰出的新闻工作者和摄影记者方大曾推到了历史的前台，让他的名字开始为公众所知晓，这是对中国新闻事业史人物研究和中国战地新闻摄影史研究的一大贡献。”方老还殷殷期望：希望方大曾的名字能够写进《中国大百科全书》，成为新闻学领域的第109个词条。

正是在得到方汉奇先生的嘉许后，寻找方大曾开始引起新闻学界的关注，冯雪松对此满怀欣慰并对方老充满感激。

2015年3月全国两会期间，全国人大代表、全国政协代表从不

2015 年 5 月 25 日，中国记协召开“冯雪松追踪采写方大曾事迹座谈会”

会后，冯雪松与陈申（右）、张在璇（左）合影留念

冯雪松拜访方汉奇先生

同的角度在大会上提案，中央台著名主播海霞将《方大曾：消失与重现》这本书带到了会场，澳门日报社社长陆波还向大会提议：希望中宣部、中国记协以官方名义纪念方大曾。

2015 年 5 月 25 日，中国记协召开了“冯雪松追踪采写方大曾事迹座谈会”，党组书记翟惠生出席会议并讲话，号召广大新闻工作者追忆方大曾、学习冯雪松。中央的主要媒体，新华社、人民日报、中央电视台，包括中国社科院等研究机构，还有央管的几大网站有四五十人参加了这次座谈会。就是在这个会议上，翟惠生书记提出了要“学习两代记者”，谈到了两代记者虽然生在不同的年代，但是他们身上具有共同的价值。

“这次座谈会的召开可以说是十五年来寻找方大曾受到官方认可的一个重要标志”，每忆及此，冯雪松都不胜感喟。

2015年6月29日，香港《大公报》举办“一份报纸的抗战”纪念活动，盛邀雪松做主旨演讲，给大家讲一讲小方的故事。雪松认为方大曾的外甥张在璇也有资格莅临此会，但听了雪松的建议后，主办方面露难色。雪松察觉后马上说，张先生的机票和住宿费我来出，我觉得作为小方的亲属应该参加这次纪念活动。在那次演讲中，冯雪松向与会者详尽讲述了小方与《大公报》的渊源以及小方的耀世才华。张在璇在会上短暂亮相并代表方家向香港《大公报》赠送了多张小方遗作的电子版底片。

2015年12月26日，在第五届“光影纪年——中国纪录片学院奖”的颁奖典礼上，其中有一个环节是向方大曾致敬。

至此，冯雪松多年的坚持不仅得到了官方认可，更上升到了学术层面。对于这种升华，雪松特别感念方汉奇先生。雪松说：

> 方先生是我的伯乐！千里马常有，伯乐不常有。正是由于方先生对寻找方大曾的充分肯定、对我的全力支持，才使得寻找方大曾这件事情有了更广阔的深意！

从举步维艰、无人呼应到逐渐收获来自官方、学界和同行的高度认可和善意嘉许，细数着这段寻找之旅，冯雪松内心无比坦荡充实。“在我的整个职业生涯中，小方这件事是我最值得骄傲的。一个人的上路能够引起一群人甚至是整个社会的关注，我觉得自己值了。今天的这个状况是我在写书的时候没有想到的，这不仅仅是我个人的爱好，这也是中央电视台传统的延续，体现的是一个媒体和一个媒体人的责任。”

在幸运的2015年，雪松还有一个重大收获，就是结识了中国新闻史学会会长陈昌凤女士，二人一见如故。雪松提及想做“方大曾校园行”公益计划，很快得到了陈老师的鼎力支持。她写了一篇书评《两代记者穿越时空的对话》发表在了2015年11月10日的《人民日报》上。惺惺相惜中，陈昌凤老师还为雪松的校园行出谋划策。

从2015年9月开始，由冯雪松发起的“方大曾校园行”公益计划在清华大学启动。该活动计划从2015年9月至2017年7月走进国内二十所知名大学，以讲座、展演、交流会的形式，分享方大曾的传奇经历，重现抗战中一个人的命运和那段国家危亡的历史。

后来，“方大曾校园行”行走了国内东西南北中十四个省市和美国纽约、布法罗两个城市，这些学校都是冯雪松精心挑选的，有军校，有师范院校，有新闻学院，还有农业大学等专业院校，雪松对地域对专业都斟酌遴选，尽量顾及全局。

“方大曾校园行”公益计划二十站依次是：清华大学、中国传媒大学、北京大学、解放军南京政治学院、复旦大学、暨南大学、汕头大学、中央民族大学、厦门大学、河北大学、天津师范大学、重庆大学、郑州大学、北京工商大学、山东大学、华中科技大学、兰州大学、纽约州立大学、东北农业大学、范长江新闻学院。

雪松希望通过讲述方大曾的事迹，使年轻的莘莘学子们审视自己的人生目标，让方大曾的精神和情怀得到新生代的认同和传承，让大家知道“寻找方大曾”活动永远在路上。

每一次的校园行，雪松都是通过影像和讲述相结合的方式，与现场师生们分享他对战地记者方大曾的追寻之路。每叙述一次方大曾短暂而不平凡的一生就是再一次对小方的崇高致敬！

那个从小在四合院优渥环境中长大，举着母亲为他买的第一台相机的活泼少年栩栩如生；那个十七岁成立北平少年摄影社团、模仿人猿泰山自拍的调皮少年活力四射；那个不想“不人道”而拒绝搭坐人力三轮车，后来进入基督教青年会工作的青年玉树临风……雪松不单给当代大学生们讲述小方的家世理想、传奇经历，还通过展示方大曾的人像作品，展示小方无与伦比的艺术才华。在投射的照片中，都是小方镜头里一些没有留下名姓的人，但我们今天能看出这些人的瞬间表情，从神态中能看出摄影者和他们之间隐含着对彼此的尊重和交流。

在每一次校园行中，绝对主角一定是方大曾。冯雪松的讲述就像是一场老电影的旁白，人们透过小方留下的文字和影像抚摸着八十年

冯雪松在国防大学军事文化学院做《寻找方大曾》讲座

前国难当头的中国大地，黑白经纬间影像流转，今天的年轻人看到了已经消失了的码头和工厂，看到了生活在今天的耄耋老人的青葱时代，看到了20世纪30年代中国的社会风貌和生活景象，看到了一个叫方大曾的年轻人背着相机走过一个又一个历史的瞬间。

就在我采访雪松的2017年5月的这个下午，闲谈中，几个电话打来，有一个是哈尔滨记者协会打来的，电话那端对雪松第二天“方大曾校园行”第19站——东北农业大学站非常重视，一再嘱咐雪松不要客气，想给他安排车转一转冰城的街景，这些安排一概都被雪松婉拒了。

每一站校园行，雪松都是利用节假日，有时周六一大早出发，晌午过后到，入住后备两个小时的课，晚上三个多小时的校园讲座和现场互动，周日一早再赶回北京。雪松的食宿机票都是自费的，他住的酒店都是经济实惠型的，吃得也极其简单，他做的“方大曾校园行”是名副其实的公益。有一场校园行，主办方实在不忍心，硬塞给他三千元车马费，雪松就用这些钱全部买了《方大曾：消失与重现》转赠给学生们。

在那一次采访完雪松回家的途中，我一边开着车一边脑子里不停闪动着画面，雪松的形象和书中小方的形象一再重合，同样的高大，同样的单纯，同样的高尚，同样流露着一种难以言说的高贵。方大曾和冯雪松两个人共通的人性与品质，为今天的我们带来了一股物质之外的灼灼芳华，似一股涓涓清流温润着人心、警醒着世道。

句号再度被打开
静待来者解迷雾

在新发现的方大曾私人照片中，有一张据传是他在李大钊出殡途中所摄，小方为什么会出现在送葬的队伍之中？之前雪松通过不同渠道查找过有关这次葬礼的历史图片，但是这一张未在其列，难道这又是一个新的发现？

2015年3月底，《方大曾：消失与重现》出版近半年后，雪松再次前往保定，参加该市方志馆的落成仪式，也再次见到了纪录片《寻找方大曾》拍摄完成以来已经十五年未曾见面的老朋友孙进柱。二位故交慨然忆旧的同时非常怀念当年的峥嵘岁月，当年雪松找知情人、查资料、实地寻访，都是孙进柱抽时间陪着，渴了来瓶矿泉水，饿了一人两个火烧，就是这样在寻找小方的路上建立起深厚友谊。

在方志馆落成仪式后，雪松和时任保定市市长的马誉峰谈起筹备方大曾纪念室一事，当听说小方在蠡县发出最后一篇报道后失踪了近八十年，至今没有下落时，马市长一边翻着《方大曾：消失与重现》，一边果断表态："一定给小方在保定'安'个家，地点就在光园！"

几个月后的7月7日，保定光园，在人们的簇拥下，方大曾的外甥张在璇、查昇年、查松年和其他亲属走进新落成的"方大曾纪念室"。这是经多方筹措、众人支持的结果。面对方大曾的铜像，方家的后辈们潸然泪下，哽咽无语。

光园位于保定市区裕华路中段，原为明代大宁都司右卫署和断事司。清康熙二年（1662年）直隶巡抚由正定迁到保定后，巡道司狱署驻此。雍正二年（1724年）又改为按察使司狱署。1916年，曹锟

方大曾纪念室落成仪式

中国记协国内部主任殷陆君（右一）、保定市副市长张丽涛（左一）、方大曾研究中心主任孙进柱（左二）与冯雪松一同为方大曾铜像揭幕

冯雪松与方大曾铜像

方汉奇先生为“方大曾纪念室”题匾

任直隶督军时，在此大兴土木，进行改建、装饰，成为他的公馆，据传曹锟因敬慕抗倭名将戚继光，故将此处改名光园。光园主厅呈“工”字形，分前后厅，以廊相连，方大曾纪念室就设在这“工”字的最后一横起笔的部分。

中国新闻学泰斗方汉奇先生由于年逾九秩已经轻易不见客了，但对忘年交雪松小友，老人几乎有求必应。雪松请方老为方大曾纪念室题了匾，老人笔力遒劲力透纸背。室内陈设着小方遗留下的旅行箱，展示他的作品、生平和多年来雪松的寻访足迹，纪念室正中安放着由青年雕塑家李一夫敬制的方大曾铜像。

这似乎应该是一个故事最好的结局，也应该是冯雪松长时间寻找方大曾的圆满句号。

然而不久后，方澄敏的儿子查昇年打给雪松的一个电话让句号再次被打开。查先生告诉雪松，母亲2006年去世后，有一些私人物品一直没有动，希望他有空去看看，或许对研究方大曾有用处。

自方澄敏九十一岁辞世后，世上恐再无人见过方大曾。除了日常所用，她的遗物是一大一小两只箱子，大的是小方使用过的旅行皮箱，小的木箱则是小方找人定制的两个底片盒之一。雪松原以为，2006年3月16日，随着837张底片一同捐献给国家博物馆的那只是唯一存世的，没想到另一只还在。

打开箱子，映入眼帘的是一些有关方大曾的杂志和书，它们被井然有序地仔细排放着，还有方澄敏的记录本、照片、资料、手稿和私人信件等。小木箱里，一个旧信封外勒着几道发白了的皮筋，里边包裹着数十枚粉红色的底片袋。雪松把胶片一张张取出来，对向阳光，他的手开始有些颤抖了，这竟然是从未见过的小方的私人照片和一些陌生人的影像。十几年前，即使是在纪录片《寻找方大曾》拍摄过程中，他们曾反反复复看过方大曾留下的所有底片。而此刻，眼前的这一部分竟是第一次见到。

为什么方澄敏老人在纪录片摄制时没有拿出这些底片？问她的家人，全都摇摇头，几个人努力回忆了一下，但还是语焉不详。这些旧照被精心保管在家中隐秘的角落，是因为比较私人化，抑或另有隐情？这个秘密随着方澄敏的离世被彻底封存了！

雪松绞尽脑汁也想不出所以然来，但是可以肯定，这些属于小方的私人照片，是方家人捐赠给国家博物馆那837张以外的。身着学生装的少年小方，他俊朗阳光的求知时代，他与朋友们轻松快乐的郊野远足，他和师友记录情谊的历史瞬间，还有未知名姓者的音容笑貌，随着一张张底片的冲洗显影，一个未曾见过的小方脱颖而出。这一发现，简直就是在冯雪松的心中又燃起了一团熊熊火焰。因为他认为方大曾存世的这些作品具有多重价值，无论是从新闻学、社会学、人类学、民俗学等哪一个角度切入，似乎都能够找得到相应的关联和支撑。

雪松认为八十年过去了，在今天这样一个信息爆炸的时代，回看小方当年的新闻作品，每篇通讯、每幅照片，都是有图有真相，新鲜醒目、引人入胜，都是中国抗战初期最具体和真实的历史回放，年代愈久远，愈能感受其价值的永恒。

那一晚，雪松把这些底片当成稀世珍宝一样捧回家。在灯光下，他彻夜翻阅着方澄敏留下来的手稿，它们字迹清秀、洋洋万言，记述着哥哥的过往。这是一份她留给后人的交代遗嘱，也是一份等待来者解密的“邀请函”。文中说：“常来我们家的‘客人’，除了李续刚和方殷以外，我现在能够记得的还有：李声簧、夏尚志、王兴让、王经方、高尚仁、汪鸿鼎、魏兆丰、吴颂平等，还有一位摄影爱好者许智方，直到现在，我有时还仿佛能够想起这些人当时的音容笑貌，我梦想着有一天这些人再到我们的家聚一聚，但是，时过境迁，死的死了，活着的也天南海北，何况小方又早已不在人间了。”

这些人是谁？他们和方大曾有过怎样的交集？在方大曾的私人照片中，有一张据传是他在李大钊出殡途中所摄，小方为什么会出现在送葬的队伍之中？之前雪松通过不同渠道查找过有关这次葬礼的历史图片，但是这一张并没有在其中，难道这又是一个新的发现？为什么他还会拍摄了一张朱德的戎装照？

方澄敏行行清丽的小字更加勾起雪松的好奇，或许应该更确切地说，他从没有放下过对小方的好奇。“我之前遗落了什么？今天又该重拾起哪些？”冯雪松对方大曾的寻找重新被打开句号。他凭借这些照片一幅幅还原起图中的场景，所有照片上的人物，他一个一个地开始去查，他决定再写一本书《方大曾：遗落与重拾》。

一人一生值守一事，谨听从心的呼唤

进酒店办完入住手续后，几乎没怎么歇息，雪松就拿着一本修订后新出版的《方大曾：消失与重现——一个纪录片导演的寻找旅程》来到纽约时代广场。小方生前曾给《纽约时报》供过稿，八十年后他带着小方来了。

为期两年的“方大曾校园行”把特别讲座开到了海外。2017年5月7日－11日，雪松应邀走进美国纽约州立大学，参加第二届“向世界传播中国”研讨会，并做两场主旨讲演。

雪松在纽约州立大学视光学院和奥尔巴尼分校两所孔子学院举办的公益讲座燃起了无数人对小方的关注和崇敬，纽约州立大学孔子学院学生何塞·冈萨雷斯在听完讲座后说：“我对方大曾十分敬佩，他对人类和世界的贡献超越了许多同时代的人。”美国明德中文学校校长陈彤听完讲座后特别感动，她说：“小方奋战在第一线，这是一个人灵魂高尚的体现。”

令听众同样感佩的是冯雪松十几年来对小方精神坚持不懈的传播，人们被他的执着所震撼。纽约州立大学视光学院孔子学院中方院长陈洁说：“今年是冯先生坚持寻找方大曾的第十八个年头，一个人一辈子能坚持把一件事情做好，有多么不容易。我相信，他一定是听从了心的呼唤。”

纽约州立大学视光学院孔子学院外方院长吉列尔梅·阿尔比耶里对本次研讨会也给予了极高的评价，他表示，十八年间冯雪松对方大曾的寻找和推崇告诉现代人，我们今天的美好生活是很多人通过牺牲

冯雪松在美国纽约州立大学讲座之后与视光学院孔子学院外方院长 Guilherme Albieri 先生合影

侨報　2017年5月10日·星期三　专题报道 B5

消失在二战炮火中的战地记者

方大曾　中国的罗伯特·卡帕

方大曾，"77卢沟桥事变"第一个到现场报道的记者，在短短两年的职业生涯中，他拍摄了抗日前线极为珍贵的照片，在《良友》和《大公报》等报刊刊登。1937年他在保定失踪，当时才25岁，从那以后再也没有他的消息。

兵荒马乱中人们渐渐忘记了他，这个曾经与范长江齐名的记者被历史遗忘了。直到有一天，另一个记者偶然间看到方大曾的名字，两代记者穿越时空相遇，开始了一段长达十八年的寻找旅程。

十八年寻找方大曾足迹

两代记者跨越时空相遇

亲赴前线报道中国抗战

另一种视角拍摄中国

美国纽约《侨报》对方大曾和冯雪松寻找之旅的介绍

自己的生命换来的。更为重要的是，有些人通过长时间的努力让我们知道了这些牺牲的人，并确保他们不会被社会所淡忘。冯雪松努力让全世界越来越多的人了解到方大曾作为一个纯粹历史记录者的价值。

此趟美国行，雪松还跟大家分享了他多年拍摄的经历，并探讨了当代新闻工作者应有的职业精神和专业素养。新华社纽约分社和当地《侨报》对此进行了大篇报道。

方大曾具备成为永恒话题的所有要素，他的精神超越时代，历久弥新，他的神秘失踪和传奇经历鼓励后辈不断探索、不断发现。随着社会的不断进步，人们不断富足，小方一定会成为追求崇高理想和青春意义的珍贵范本。我们相信，无论如何经年跨月，被抛却的永远是不合时宜的物质生活，而那些符合人类共同理想的精神财富却一代一代不曾间歇地被传承着。

时间越久，找寻方大曾就越来越难成为可能，这是一个无法完成的句号，只要有新的发现、新的动机、新的角度，它就会被打开，开启成为一个新的段落，真心希望有更多的后来人，踏着小方的足迹，踏着我们这一代人的足迹，不断地解开问号。

牺牲，是几十年来人们对小方这位年轻人最多的诠释，而没有看到他的遗物和尸骨，又成了众多寻找者渴望他生还的一丝希望。在纪录片拍摄过程中，人们对方大曾的失踪有过种种猜测，但是，人们终究不愿意相信他已经死了。最有诗意的想法是：小方在炮火中失去了记忆，他忘记了过去的一切，现在仍然幸福地生活在世界的某个地方。这一结果，似乎符合了所有方大曾追随者们的良好愿望。

冯雪松的演讲字字珠玑、声声铿锵。

其实，在这趟美国校园行之前，雪松来过美国但并没有到过纽约，飞机落地直奔酒店办完入住手续后，几乎没怎么歇息，他就拿着一本他写的《方大曾：消失与重现——一个纪录片导演的寻找旅程》来到时代广场。同行的人要么在酒店休息，要么去了大都会博物馆，只有他独自在时代广场徘徊。小方生前曾给《纽约时报》供过稿，也就是说小方的作品曾经来过美国，而现在，雪松带着“小方”来了，雪松捧着自己的这部心血作品，让路人为他们拍下了这一值得纪念的瞬间。

随着方大曾和他的作品被越来越多的人知悉，越来越多的时候，方大曾和冯雪松两个名字被交织在一起。很多人开始羡慕起雪松前瞻的眼光，雪松说，他们哪里知道，一丝不苟地把一件事情做到无可替代需要多么大的毅力！

二十年来，冯雪松对方大曾饱含热爱与认同，其间也涵括着他对自身的期许和对“美好”的衡量标尺。正因为他与方大曾之间的心灵契合，才能帮助他读懂方大曾、理解方大曾，并且矢志不渝地为寻找他付出全部努力。从寻找到追随，冯雪松用这种特殊的方式对尚存于这个时代的理想与信念表达着他的寄望与敬意。

> 直到今天，寻找方大曾的事业依然在路上，我越找越觉得他就像是我的家人，我们其实就是在不断地张贴寻人启事，从一个小范围到一个更大的范围。我在不同的场合都说过，我们可以说是在替小方的家人寻找，可以说是在为我们的内心寻找，可以说是在替我们的民族和国家寻找。寻找他的传奇所幻化的一种象征，寻找他带给我们精神深处的那些启示。尽管随着物换星移，可能已经没有办法再

找到更多的东西了，但是我们可以以一种终极的状态去无限地接近他，越接近就会感觉到自己距离他还有多远。

寻找方大曾是需要我们这个社会共同参与的，我不过是其中的一个代表。为什么我要做“公益校园行”，就是希望更多的年轻人能够参与进来。就像这本书一样，虽然是由我执笔，但是它属于全社会，我希望能有更多的人不断地校正它、丰富它，这样的话，我们就能真正把寻找变成追随，这也就是我们寻找方大曾的意义。直到现在，我依旧相信职业理想是存在的，而且我相信这种理想的力量。所以这么多年来寻找方大曾，我如果有一点点扬名立万的功利心态，方大曾都是不会一点一滴浮现出来的。所以做人做事都需要靠扎扎实实的东西，在这个基础之上，哪怕再苦再累的事情，我觉得都是财富。

当我把小方作为自己生命当中的一部分之后，每当处在某个环境中的我产生一丝抱怨时，我一想到小方当年的艰苦，就马上释然了。这就是情怀，正是因为情怀的存在，我们活着才有意义，才能越来越自信，越来越坚定。

内心深处那份对小方或隐或现的钟情以及冥冥之中对小方的感知与触碰，激励着雪松用不断寻找的方式无限接近着他的自我召唤以及精神归宿。

在赴美的往返飞机上，机组都给了雪松很好的照顾。当雪松表达感谢时，航空公司一位高管非常客气地对雪松说：“能不能在今年 7 月 7 号左右，请您给我们的员工做一场主题讲演呢！”正是在这些细枝末节中，雪松看到了越来越多的希望、越来越多的正能量。

更多的时候，冯雪松觉得并不是他在宣扬方大曾精神，而是小方在成就他变成一个更好的“我”，或许，这就是他超越时空去苦苦寻找的真意吧！哪怕只有一丝微光，冯雪松对方大曾留存在这世上的光影都备感珍惜；哪怕只有点滴线索，冯雪松都会用不舍初心的诚意步步相随。如他自己所说“小方早已化作一种象征、一种启示，让我们能真切地感受到他鲜活的存在”。

纽约之行过后，美国的一些学院和中文学校会经常举办一些专题讲座，主题是围绕方大曾的，主持人会和雪松视频连线互动。2018年3月，美国明德中文学校就举办了一场《寻找方大曾——小方在明德》专题讲座，校长陈彤博士向同学们讲述了方大曾及冯雪松寻找方大曾的故事。在越洋视频中，雪松回答了大家关心的十五个问题。这种互动的方式为传播方大曾精神和事迹拓宽了途径，让雪松甚感欣慰。尽管他因为时差要在北京这端熬夜守候，但这样的辛苦等待他乐意为之并甘之如饴。

重情重义：雪松心里难相忘的几个人

随着方大曾被越来越多的人知道，有朋友开始夸赞雪松：眼光太好，当年这个选题抓得太妙。雪松听后，往往不吱一声。他知道，他只是毫不功利地用将近二十年专注于此做好一件事而已。其实，类似的事情还有很多。

比如说，他当年和“中国母亲”胡曼莉的交往。

中国慈善标志性人物胡曼莉是雪松来到《半边天》栏目组后做的第一个选题《中华绿荫儿童村》里的主人公，她创办的中华绿荫儿童村养育孤儿千余名。因拍片而结缘，慢慢地胡妈妈也就把雪松当成了知己，会拉着他诉诉心事。她办学上、管理上的烦恼，她为了办学却失婚的苦楚，她事业上的瓶颈，种种为事业为生活打拼的挣扎……有时候胡妈妈在那儿泪水涟涟地说，雪松就坐在一旁安安静静地倾听。每年歇几天年假的时候，雪松就跑到胡妈妈的办学地点转一转，为她做点什么。胡曼莉的公益助学遇受过很多挫折，她一路由武汉到福州再到丽江，漂泊了很久，非常不容易。雪松就这样时不时联系一下胡妈妈，关心问候她一下，这样的关怀一直保持到他去澳门之前。

在他们的友谊中，令雪松印象最深刻的一件事，是一场特殊的婚礼。

胡曼莉在武汉办学时，儿童村的一名义工，这个女孩曾经被人强暴并生下一个孩子，儿童村收养了她的孩子并留下了她。时间久了，同在儿童村工作的一个小伙子喜欢上了她，两个人相爱并计划结婚。得知这个喜讯后，雪松觉得这是一个很好的题材，于是他向栏目组申请立项，并获得批准，他要拍一个纪录片《跨世纪的婚礼》。摄制组到武汉后，看到的却是胡妈妈的一副愁容，原来，当地妇联的领导本来答应当主婚人，却因为种种原因不能来了，各方都知道消息了，现在却发生变故，令胡曼莉措手不及，她简直有一种走投无路的感觉。

雪松说，当时胡曼莉的焦灼给他留下的印象太深刻了，于是他开始帮她出主意，突然，他脑子里蹦出了一个人——张玉凤。因为之前就认识张阿姨，张玉凤很喜欢老实厚道的雪松。雪松有时候会去张阿姨家帮她整理一些资料，老人也很欢喜地时常留他吃餐便饭，因为雪松与张阿姨的孩子年龄相若，所以老人也就把他当作自己的孩子般善待。

他把胡曼莉的困境通过电话告诉了张玉凤，张阿姨爽快地说，如果有可能，她一定帮这个忙去做小两口的主婚人。一天后，张玉凤，还有任弼时的女儿任远志、帅孟奇的女儿舒炜，三位老妈妈一同启程了。结果又是中途多舛，因为武汉天气的原因只能迫降在合肥，三位老妈妈在航空公司的安排下住进了宾馆，雪松又辗转通过朋友联系机场方面。第二天清晨，三位老妈妈被安排坐最早一班飞机抵达武汉。婚礼是在武汉的梨园大酒店办的，张玉凤证的婚，胡曼莉和一对新人开心极了，当晚《长江晚报》就发表消息《儿童村举办特殊婚礼——毛主席机要秘书张玉凤证婚》，雪松拍的纪录片《跨世纪的婚礼》也很快在央视《半边天》播出，获得了很多赞誉。

“不以善小而不为”，雪松那时候做过很多类似的好事。也许在旁人看来，他都是瞎操心，但雪松觉得尽一己之力能帮就帮一帮人家，这是很自然的事情，他不求回报。

后来雪松任《二十世纪中国女性史》总编导的时候，又采访了在云南丽江办学的胡曼莉，胡妈妈待他为上宾。等到这部大片拍完后，胡曼莉又邀请雪松到云南减减压，陪他去了玉龙雪山、香格里拉、中甸游览。胡妈妈到北京的时候，雪松也都会尽地主之谊款待她。

虽然后来雪松去了澳门，两人间的联系比以前少多了，但仍会在逢年过节时互致问候。不幸的是，2015 年底，胡妈妈在由西藏到云南的办学途中遭遇车祸罹难，她的过世让雪松非常伤感，第一时间在自己的微信上撰文吊唁：

> 惊闻胡曼莉在从西藏支教返回丽江的途中遭车祸遇难，心中悲凉。她是我多年的好友，相识二十多年；她是中国慈善的标志性人物，被誉为“中国母亲”；她创办的中华绿荫儿童村养育孤儿千余名。她的苦衷多次跟我诉说，如今已成绝响。她的艰辛无人可以共担，如今随风而逝！1999 年，我刚刚完成大型纪录片《二十世纪中国女性史》后，胡妈妈邀我去云南减压。几天里，她陪着我去玉龙雪山、香格里拉、中甸，这是我们在虎跳峡的合影，我与她曾多次在北京相见，又同去湖北英山，今天想来如在昨日！再也见不到你了，你那么信任的雪松为你流泪，胡妈妈走好！

在朋友们的心中，雪松永远是最重情重义的那个人。

让雪松至今难以忘怀的还有另一个人，不久前她的离世让雪松悲恸不已，她就是雪松事业上的推手，与雪松亦师亦友的著名电视制作人肖晓琳。雪松说，后来肖晓琳暂别《半边天》栏目到美国做访问学者，雪松与她惜别时简直是痛哭流涕，她对他一次次的引导和鼓励一幕幕从眼前浮现，肖晓琳给了他这个新人足够的勇气、足够的鼓励，没有她的仗义执言，雪松进央视的路会更加曲折。雪松在得知肖晓琳去世的当天，流着泪写下这样一段话：

在央视，你是第一个相信我能成功的人；
在央视，你是第一个激励我要向上的人；
在央视，你是第一个尊重我的想法的人；
在央视，你是第一个理解我不容易的人。

我曾在你面前放声大哭，因为你是母亲；
我曾在你面前放声大哭，因为你是姐姐；
我曾在你面前放声大哭，因为你是朋友；
我曾在你面前放声大哭，因为你是亲人。

让我坚强的你走了！
让我自信的你走了！
让我成长的你走了！
让我清醒的你走了！

你说我是主旋律专家，于是我做了批评报道；
你说我是草原的汉子，于是我鼓起自信风帆；
你希望我成为一个思想具有穿透力的人！
你希望我抛弃儿女情长做顶天立地的人！

我始终记得，当我还是央视的一名临时工时，你告诉我除了一个身份你什么都不差！
你叫我获奖专业户！
你叫我城市独行侠！

今夜无眠！
今夜独醉！
肖晓琳！肖老师！
你能不能再回来！
你不回来，我有委屈向谁说！

冯雪松为即将赴美当访问学者的肖晓琳饯行

雪松说："直到现在，我都忘不掉她，非常非常怀念她。"

越是忆起曾经的故人往事，越是很感怀拍纪录片的时光。在中央电视台行政岗位上干了十年以后，雪松在2017年初主动请缨，重回业务岗位。初夏，雪松的坚持得到了领导的首肯，他履新到纪录频道任副总监。兜兜转转十年之后，他又重新回到自己中意的专业领域。业余时间，他依然不辍地用双脚大踏步地丈量着小方曾经走过的路。

因着传播方大曾精神，雪松团结了一群有缘人。当初在澳门工作时，他就认识澳门日报社陆波社长，后来陆波为雪松的著作在澳门出版繁体字版、为雪松在澳门安排讲演一直尽心尽力。趁着在北京开两会，陆社长还向全国政协建言：树方大曾为烈士和民族英雄。在雪松的影响下，陆社长成了方大曾精神在两岸三地弘扬的重要推手。

雪松还在微信上组织了"方大曾朋友圈"，每天在上面发布新消息、静候新朋友。这个朋友圈里有我国新闻学界泰斗九十三岁的方汉奇先生，有清华大学新闻传播学院常务副院长陈昌凤，有中国人民大学新闻学院副院长王润泽，有美国纽约州立大学孔子学院院长陈洁，还有多位范长江奖获得者……全国各地的新闻学院教授，还有越来越多的各院系学生，都是因为小方结缘走到了一起。每当雪松在"方大曾朋友圈"上发布相关讯息，总会得到朋友们的热烈响应，其中最踊跃者当属龚晓庄，还有雪松曾经的同事和领导袁明久。雪松和这位老哥的情谊是从彼此看着不顺眼开始的——

雪松说，当时拍《半边天》时，拍的都是女性题材，但拍摄者却是清一色的爷们儿。大家充满干劲儿，天天热火朝天地讨论选题，最后拍板的是肖晓琳。但肖晓琳去美国后，这群男性就成了一群"没有娘的孩子”。没过多久，一位新制片人空降而至，是位乍看起来有些严肃的男性。让大家不适应的是，他跟肖晓琳的风格完全是两个极端，这种与肖晓琳迥然不同的风格让栏目组诸位非常抓狂，很快十九个编导就跑了十三个，剩下六个人留下来挑战自我。

这位新的部门领导叫袁明久，刚从德国学习归来。与肖晓琳不同，他更注重编导们的独立拍片意识，包括策划能力和解决能力。留意过雪松拍过的几部片子后，袁明久开始关注这个年轻人。一天，他拿来一张报纸，上面有一则新闻，大意是这样：“一个人在常州的一条马路上被撞倒，被近旁一位路人看到，于是这位热心助人的女士急忙在路边伸手拦车，但一辆辆车子从她身边飞速驶过，却没有一辆肯停下来。无奈之下，这位女士跑向路中央跪下，央求着过往的司机们。最后竟是一辆公交车停下，大家合力把伤者送到医院。这位及时救人的勇敢善良的女性叫薛春秀，她的义举被当地媒体以《当街长跪，呼唤良知》为标题进行报道。两年后，薛春秀不幸得了脑瘤，现在谁能来救救她呢！”这个选题大概就是这么多素材，袁明久问雪松是否有兴趣跟他一起去一趟常州。

这一次常州之行，袁明久一直在悄悄观察雪松，然后问他打算怎么拍摄。因为这则新闻属于后续报道，那时已经很少有人关注这件事了，所以用什么样的点切入选题是需要动一番脑筋的。二人在当地转悠了两天后发现这个题材其实拍摄起来比想象中的还要费劲儿，袁老师就跟雪松说不拍了。雪松回答他说，“要不您回酒店休息一下，我再出去转一转”。他们住的是一个离市区很远的宾馆，因为袁老师是青岛人，雪松就冒着暑热从宾馆出来一路找，在一公里外的一个便利店买了一箱青岛啤酒，然后又一路肩扛手提回到酒店，让袁老师边喝啤酒边等着他。

雪松在常州街头拍摄了两天，回到北京后又一头钻进机房鼓捣了两天，最后编辑出一部十二分钟的名叫《真心唤真情》的纪录片。从那以后，袁老师对雪松刮目相看了，也就给了他更多的自由。他的选题更加宽泛，甚至袁老师批给他的制作经费都更宽松一些。从此，雪松彻底放飞，他开始以更多样的手法尝试拍摄《走向新女性》系列，先后拍摄了著名导演黄蜀芹、李少红，著名画家喻红，著名雕塑家姜杰等女性。那时的艺术家不像现在这么名利双收，还是颇清苦的，雪松就总是踊跃抢着买单，其实那时候他自己根本没有什么钱的，绝对是“月光族”。

与制片人袁明久出差在南京

后来袁明久老师去开创新栏目《当代工人》，虽然不在一个部门同一办公室了，但他还是很关注雪松的成长。雪松时不时地拜访袁老师，到了饭点两人会在楼下找个小馆子，来一打羊肉串，几个小凉菜，雪松会和袁老师唠一唠最近的心事、最近的选题，当然也会念叨念叨寻找方大曾的苦！二人之间由一箱青岛啤酒开启的友谊，就这样余味绵长着。

在小方精神中
“刻舟求剑”追念初心

对于新闻人来说，最重要的是什么？永远在路上，永远在新闻发生的第一现场，一定是最重要的品质之一。“寻找方大曾”是我职业生涯中，迄今为止最长的一个选题，这个追寻是一次家国情怀的洗礼，是一次追问初心的自省。

雪松的儿子瑞濠曾在东城区一所著名小学就读，为了方便孩子上学，他就在学校附近租了房子。凑巧的是，这所小学与当年方大曾的家仅相隔一条马路，每天一次次路过故地，当年拍摄《寻找方大曾》时的情景又屡屡浮现眼前。

时隔十余年，虽地处北京最黄金的银街一隅，协和胡同却没有太大变化。10 号院已经换了主人，房屋被重新翻建，但院中的大槐树依然还在，虽历经百年但依然风姿摇曳，枝叶茂盛郁郁葱葱，像是一位手拿着箩筐坐在院门口择着菜等待孩童放学归来的老婆婆。大槐树的年轮里、枝蔓里承载着如许故事，它可曾还记得故人？还记得八九十年前那个活泼泼从它底下路过的英俊后生！

往日拍片的一幕幕，是如此清晰，挥之不去——

冯雪松非常感谢当年摄制组的兄弟们，这是一个没有任何油水可捞的摄制组，经费极其有限不说还要四处奔波，冯雪松的要求又极严苛，但这些可爱的同事没有人有一句怨言，越是拍得深入，大家越是彼此理解，都是受了小方精神的感召！

兄弟们各尽所能踊跃支招。在拍摄协和胡同 10 号院时，方澄敏一家已经搬离了此处，院子被新主人略做翻修，屋主人从树干上引过一根晾衣绳，摄影师马东戈就借用了这根绳子把事先用绿色镜框镶好的小方照片逐一挂上，按年纪排序，镜头一路摇过去，寓意小方在这里从小到大成长的过程。

冯雪松在这部片中的多处细节处理都堪称点睛之笔，同时也有着教科书般的意义。在纪录片的整个拍摄过程中，摄制组选用绿色相框来展现小方的个人照片，为什么不用黑色？这是雪松和同事们有意的搭配——绿色象征着年轻，象征着希望，也是向小方表达敬意的颜色。在小方出门必经的胡同，照片被悬挂在陈旧的墙上，黑白照片在斑驳灰墙的映衬下，立刻焕发出勃勃生机——小方在校园留影、在自家庭院中消闲，还有旅途中气宇轩昂地跃马前方，无一不被生动展现。

一堆绿色相框中悬挂着三个木本色的空相框，这是寓意方大曾失

纪录片《寻找方大曾》协和胡同拍摄现场（冯雪松 摄）

1936 年，云冈石窟前的方大曾

2000 年，云冈石窟前的冯雪松

踪后留下的未知，表达着生命中难以取舍的省略，也表达着对未完成状态的种种遗憾。

小方在文章中曾写道：离雁门关几里之遥，很遗憾没有去凭吊。

冯雪松遗憾着小方的遗憾，并决心不让这遗憾再逶迤下去。

2000 年 9 月 28 日，纪录片《寻找方大曾》摄制组在崎岖山路上驱车百公里，绕道而行缓缓驶向雁门关。冯雪松团队一路带着嵌在绿色相框里的小方的照片，最终把它们悬挂在雁门关城头，了却小方当年未曾登临雁门关的夙愿。

那个时刻天色向晚，黄昏中的山谷幽静深邃，摄像机清寂地扫着眼前的一风一云一花一草，整个团队静默良久，谁也不愿去打扰这场时隔几十年才得偿的抱憾。

还有一件巧合的事，如果不谓之“天意”，实难令人信服。

2000 年摄制组在大同拍摄时，云冈石窟是拍摄的主要地点，它位于大同市以西十六公里处的武周山南麓，方大曾从大同到绥远时，曾在此处停留。第 20 窟，是高 13.7 米的释迦牟尼佛坐像，这尊佛像面部丰满、两肩宽厚，造型宏伟、气魄雄浑，是石窟雕刻艺术的代表作，也是云冈的标志。拍摄之余，雪松和他的搭档们都分别在释迦牟尼像前留影存念。

事有凑巧，雪松后来在 2014 年收到小方的外甥张在璇发自成都的邮件，内容大都是小方在“卢沟桥事变”前拍摄的作品。他整理图片的时候，忽然看见云冈释迦盘坐的腿上，竟有一个熟悉的身影，是小方，是他的自拍像，右手插兜，背包斜挎着，旁边还挂着一个饮水用的搪瓷缸，一身旅者装扮。

方大曾・許智方

攝影展覽

今日開幕 爲期五天

【本市消息】攝影界方大曾許智方二君、定於今日起、至十一月五日止、假本市東馬路青年會、舉行攝影展覽會、二君已於日前自平來津、佈置一切、聞出品共百餘幅、均精心傑作云、

11月4日 (中華民國二十五年即丙子年九月二十一日) 第7364號 14 / 14

方大曾、許智方

聯合影展觀賞記

○水皮○

、方君的作品之主題，是側重現實的生活與勞工的活動，雖然題材方面也許被高貴的人們所鄙視，但經過他的鏡頭的渲染，便成爲美麗的畫面，例如「烈火立地的英雄漢」，「中國勞動者的命運」，「飢餓所迫」，「吃苦耐勞的人抗白鐵」以及農家的生活寫照等幅，都是他的力作，使人看了要引起人的同情或是興奮，[illegible]面的中心意識都極尖銳的表現出來，他是一個富有經驗的青年，有着沈毅的意志和熱烈的情緒，爲了證明他曾抛棄了[illegible]的位置，而冒着西北風去作採訪等地的徒步旅行，除了用文字紀述外，更用照相機攝取各地的風光和社會現象，「合料塔的社

，第一個分明的印象，就是方許二君的作風有着顯然的分野，但決不是指着程度上或時間上的差別，而是說他倆代表兩種相對而且並存的意識與态度，按表顯的觀點來解釋，許君的作品，表現着「秀麗」，「典雅」的柔性美，方君的作品，却是表現着「雄深」，「勁健」的剛性美，按着他倆的生長地來說出，恰又合於「駿馬秋風冀北，杏花春雨江南」兩句古詩所能發現的兩種美的類型。

他想以攝影是現階段的新聞事業中最好的觀察工具或戰爭的武器，所以他的視野展開，轉向勞苦大衆的生活，去發掘廣大材料的資源，他在門頭溝採礦中攝的「光」，作爲

天津《益世报》刊登方大曾、许智方影展消息及评论

大公报社旧址（孙楠 摄）

2016 年 7 月冯雪松带领河北大学师生前往蠡县实地寻访（孙楠 摄）

卢沟桥寻踪（孙楠 摄）

在小方曾经工作过的地方寻访（孙楠 摄）

这个偶然的发现让雪松激动万分，仔细对比一下小方和自己在佛像前的留影，两人所在的位置，竟然相隔不过数十米。如此之近，是偶然的巧合还是冥冥的点拨？抑或是神灵的指引？不由得让雪松百感交集，心绪难平的他即刻赋诗一首：

同在佛陀下，生死两茫然。
慈悲追随苦，冥牵告平安。
时空有远近，无缘岂相干？
相隔数十载，未见心不甘！

赴天津实地寻访

好一句“时空有远近，无缘岂相干”！如果说，方澄敏、陈申是点亮寻找方大曾火把的人，那么冯雪松无疑就是那个举着火把奋力向前奔跑的人，他引燃了“方大曾现象”。《中国新闻出版广电报》曾撰文称，从纪录片到图书，从纪念室到公益计划，跨越影视界、出版界、文学界、学术界的“方大曾热”，聚合成为兼具传播力与影响力的现象级话题。

无论在春意盎然的某一个午后，还是趁着暑气未至的某一个清晨，再或是寒风凛凛的某一个冬日，只要是周末，雪松就会踏上旅程，小方的故事就是在他从不知疲倦的步履下一点点丰润起来。又可能在一

中法大学寻“方”踪，物是人非（冯瑞濠 摄）

个风清气爽的秋日，薄暮才在天边一点点打开层层的湛蓝，雪松就会拽起儿子瑞濠，十岁的小人儿跟着爸爸睡眼惺忪地上了车，来到小方曾经就读过的中法大学旧址，尽管地处东黄城根闹市，但这个院落里却有着与周遭不相称的沉静清寥。小孩儿脖子上也挎着个小相机，本来还有着的困意被刺眼的阳光一晃，一点点精神了起来，孩子问：“爸爸，你是希望我将来和你一起去寻找方大曾吗？”冯雪松沉吟了两分钟，然后指了指胸前的相机说：“咱们先拍一拍校园的照片吧！如果你拍得好，我就把它当作我下一本新书里的图片，好吗？”

雪松用他的执着感染着亲人，也感染着他身边的每一个人，甚至是交集不多的人。每每提及中央台的老台长黄惠群，雪松都会特别感激。其实雪松来到台里时，黄惠群台长已经退休了，他们基本没有什么交集。但黄台长退休以后仍然非常关注中央台的发展，她在北京交通台里听到了对雪松的采访，觉得特别感动，并且为中央台能有这样的人才人品而骄傲。老台长特意从台办室要来雪松的电话号码给雪松打电话表扬他鼓励他。直到现在，黄台长仍会经常联络雪松为他加油打气，尽管她今年已经接近九旬高龄。

雪松也会向身边新认识的朋友蔓延“方大曾热”，即使在朋友的婚礼上也如是。在龚晓庄女儿的婚礼上，雪松被安排在主桌，因为到达的时间比较早，他就与旁边坐着的一位男士自然而然地聊起来。互相介绍以后，知道这位男士是中国外文局的姜永刚先生。没一会儿，晓庄走过来，向自己的得意门生姜永刚介绍她的好朋友冯雪松，并且把雪松“寻找方大曾”这件事好一通介绍。姜永刚马上说，以后可以把这么好的题材放在集团旗下的新世界出版社来出。就是这样有趣的因缘际会，几个月过后，文本增添和修订了多处的第二版《方大曾：消失与重现——一个纪录片导演的寻找旅程》由新世界出版社在2017年夏天隆重推出。

几乎在同时，《解读方大曾》也由中国社会科学出版社出版。

著名新闻史家吴廷俊教授觉得，"寻找方大曾"这件事至少具有"三重寻找，三重宣示"的意义：寻找和宣示新闻理想；寻找和宣示史家责任；寻找和宣示亲情大爱。两代记者、同一价值的核心主题，成为作品成功最大的支撑。这是一名新闻人的实践之路，是他对于职业理想的笃信和忠诚，是他在探索路上面对清苦挫折、困顿挑战不断超越的坚韧和勇气，是他对情怀使命不忘初心、风雨兼程的忠诚和敬畏。

为期近两年的"方大曾校园行"公益计划在四川内江师范学院范长江新闻学院完满收官。"方大曾校园行"公益计划，两年二十站，国内十四个省市，国外远至美国，行程数万公里。在内江师范学院讲座时冯雪松图文并茂地讲述方大曾的品德和作品，讲述他寻找方大曾的经历；范长江先生长子范苏苏讲《略谈方大曾思想形成原因》；解放军报高级记者、中国摄影家协会理事、中国摄影著作权协会常务理事、第十届"范长江新闻奖"获得者乔天富讲《战地记者对战地记者的致敬》，他以两次参战的经历，用照片展示了战地记者冒着战火拍摄的历史瞬间。他们的讲述赢得了在场师生经久不息的掌声。

冯雪松在一次次讲座中，把曾经被掩埋在历史尘烟中，饱含新闻人情怀与对战争沉重思考的照片和文章投映在大屏幕上，听讲的师生被深深震撼。他们把热烈的掌声献给这位八十年前穿过枪林弹雨、用837张底片记录历史的无名英雄方大曾，同时也把掌声献给冯雪松，感动于他二十年来用不懈寻找来填补历史空白弥补家国记忆。

冯雪松曾在《人民日报》上撰文《新闻人永远在路上》，在文中，他这样写道：

“对于新闻人来说，最重要的是什么？”

永远在路上，永远在新闻发生的第一现场，一定是最重要的品质之一。

“寻找方大曾”是我职业生涯中，迄今为止最长的一个选题，十几年来，经过不断的深入采访、实地调查和积极推广，失踪了八十年的“七七事变”现场报道第一人方大曾，终于进入了当代人的视野，被公众所知晓。作为一名媒体人，这个追寻是一次家国情怀的洗礼、一次追问初心的自省。

作为纪录片工作者，我在长时间寻找中，力求通过史料发掘和实地寻访，努力去还原一个真实的、热爱和平与自由的生命。这个年轻人用生活做背景，用生命做胶片，为我们真实记录了当年国难当头的中国大地。如果说，最初的寻找完全是出于对人物的兴趣和探求未知的欲望，随着了解的深入，这不知不觉变成了对于一种高尚精神的认同和追随。

后来，我终于拍摄完成了一部纪录片，努力还原小方生命的形象，同时让观众知道，是什么样的环境在影响着他，他为什么会做出那样的选择。

一个新闻人，如果脱离了民众和家国、不用双脚去丈量，不用内心去感知，再炫动的画面也是虚空的，再华美的辞藻也是无力的。方大曾的双脚始终踩在大地上，无愧为时代变迁的记录者、民众命运的关注者。寻找方大曾的过程，是作为一名新闻人的我，职业理想不断升华的过程。让我越发深刻地体会到，真正的记录者是严谨和真实的，不是炫技和讨好，用实心、动实情、写实迹，才能见实效。

我相信，在媒体融合的今天，这些道理仍然适用，并且更加重要。书写和记录历史，现代技术手段只能是辅助，只有潜心求证、努力追问，借助现代手段进行立体表达，才能更好地与时代同频共振，提升传播力、公信力。

尺山尺水永留痕，一花一木想英姿

沿着当年小方的采访路线，翻越辉腾梁，前往四子王旗乌兰花镇、王爷府、锡拉木愣庙等地，他们一路走一路惊叹：阴山座座，草原茫茫，小方当年单人独骑在极度苦寒中行程纵百里，边拍照边写稿，他是如何做到的呢？！

潜心求证、努力追问、立体表达，冯雪松已将这三部曲演绎到极致，纪录片拍完了，获奖了；书出版了，获奖了；方大曾的名字已被载入中国摄影史和新闻史；方大曾的人生故事正被越来越多的人知晓，从国内到海外；方大曾的精神在几代人中流传。可雪松依然在路上。因为“方大曾校园行”反响热烈，冯雪松又在2017年记者节前夕组织参与了“纪念方大曾绥远之行八十年”等特别纪念活动，和陈申、孙进柱一同出发，寻访故地缅怀先辈，并在内蒙古大学举办特别讲座。

> 他的工作情绪愈来愈高涨，身体也愈来愈结实。北方的夏季，他穿着短裤衬衣，带着他的小箱子行李，在平汉路前线不断地突击。他那诚挚、天真、勇敢、温和的性格，博得各方面的好感。

这是范长江在《忆小方》里的一段珍贵文字，仿佛让人们看到了战火中的小方也给雪松和他的朋友们假以无尽想象。

一路上，他们沿着当年小方的采访路线，翻越辉腾梁，前往四子王旗乌兰花镇、王爷府、锡拉木愣庙等地，一边走一边惊叹：阴山座座，草原茫茫，当年在极度严寒的环境下，小方单人独骑，行程数百里，边拍照边写稿，他是如何做到的呢？！

有多少感叹就会有多少钦佩！

冯雪松在内蒙古大学的讲座，台下座无虚席。在方大曾的故事里、在冯雪松的感召下，2017年11月8日，在第十八个中国记者节这天，中国未来的年轻记者——内蒙古大学新闻学院的同学们也像冯雪松一样重走方大曾的采访路线，学子们用这种独特的方式传承记者精神。内蒙草原深秋的凛冽寒风挡不住年轻人炽烈的心。

方大曾这个选题从最初的被遗落到近二十年来的一步步重拾，冯雪松穷物质极简而笃行、富精神丰厚以相随。他一路行走笑骂由人，一路蹒跚未敢懈怠。他重拾方大曾二十年，方大曾也陪伴了他二十年。在这条筚路蓝缕的找寻路上，会有来自于世俗与成见的奚落，会有遍寻不见的落寞与惆怅，雪松凭借他坚强的内心将这些苦和难一一击碎。哪怕只有一丝微光，他都要不遗余力地将它薪火流传。

方大曾从他拍摄的一帧帧黑白图片间渐渐走进人们的视野，被冯雪松以他的大爱襟怀推向更广阔无垠的世界。两代人的热血人生感动了无数人。

雪松特别讲了一段轶事：

在一次机缘巧合中，他有幸结识了我国著名雕塑大师叶毓山先生，听人介绍了雪松的事迹和著作后，叶先生被深深感动了！后来老先生专门致电雪松：想给雪松雕一尊像以示纪念。要知道，天安门毛主席纪念堂里的主席坐像就出自叶先生之手呀！叶先生告诉雪松的摄影师朋友要从二十多个角度拍摄雪松的头部特写，然后把照片寄给他。

2014年11月8日，第十五个中国记者节，雪松和夫人唯鹂受邀前往坐落在四川成都牧马山的叶毓山工作室。当时已近八秩高龄的叶

冯雪松夫妇做客叶毓山工作室

叶毓山先生为冯雪松塑像

先生刚刚出院，言语间气力明显不足，但精神尚佳，先生热情地带雪松夫妇参观展厅和他的家，还讲了很多有趣的故事，其中就包括创作毛主席纪念堂坐像的经过。当时，叶先生正在创作雪松的塑像，在这件未完成的作品前，叶先生指挥他的学生帮着挪动桌椅，找到合适的位置后，先生亲自调试好角度，然后让他的学生为他和雪松夫妇合影留念。此情此景，令雪松夫妇永生难忘。

2017年初，叶先生仙逝了，雪松心里特别难过。每每望见耄耋之年的叶先生为自己塑的雕像，雪松都会感到一股暖流越过胸膛，他会想起几年前拜见叶先生时大师的音容笑貌，以及老人与他握手道别的一个个瞬间。雪松说："在这样一个物欲横流艺术品价格奇高的年代，叶先生这样一位艺术典范，能为我这样一个晚辈塑像，真是一种纪念，也是一种鼓励，更给予我继续发扬方大曾精神的无穷动力。是方大曾让我找到了自己，作为一个人的价值存在；是方大曾让我找到了家人，作为一份爱的终极皈依；是方大曾让我找到了朋友，作为一种义的无限信赖。"

冯雪松孜孜矻矻寻找方大曾，不光感动了像叶先生这样的大师，同样感动了与他天天相处的人，比如冯雪松的同事，一位年轻的高富帅——舒猛。

在央视网工作的小舒，微信名是"舒公子"，这个名字确实与他的身家非常匹配。他的家境不错，本人也有无数雅好，能盲品雪茄、收藏全球限量版烟斗，好打香篆、精通茶道。况又是少年成名，擅国画、拿过国家级书画大赛一等奖；少年时即信奉佛教；毕业于人大新闻系，毕业后又精研神学、哲学、美学和摄影；向往的是少年公子鲜衣怒马仗剑江湖的逍遥日子，自认为是一枚"不靠谱"的八五后……

就是这么一位“不靠谱”的富家公子，因为在央视网工作可以接收到足够多的新鲜信息，跟他口里的“老冯”成了同事。

他在自己的微博上是这样描述老冯的：

> 从小方曾经拍摄的黑白照片上，依旧可以看见当年的硝烟与阳光，方大曾与冯雪松之间的故事，就在那片黑白之中。
>
> 小方用一种奇妙的方式与老冯邂逅，为我们打开了另外一个神秘世界的大门，开启不一样的人生。战争往往会考验一个男人真正的勇气，在那个硝烟四起的年代，小方选择把自己的事业放在了生命的前面，在他带给我们的黑白世界里，有着八十年前我们祖国羸弱的身影，在这一幅幅胶着的影像中有着小方想要表达的生命与和谐。方大曾，这个充满故事的名字，或许他的灵魂葬在了终年不化的皑皑白雪上，偶然地成了我心中向往的一片净土。
>
> 在这样一个快节奏的时代，人们都在拼命往前赶，冯雪松却选择逆向而行。他凭借非凡的勇气与毅力，沉下心来去寻找一个不在一个时空里的素未谋面的人，更质朴的意义可能就是在这条路上独自修行寻找一个沉敛的自我。冯雪松，这个孤独的修行者，背上行囊，带着雄心壮志，和曾经的小方一样，千里迢迢，星夜兼程，踏上一条说走就走的英雄路。人生如逆旅，我愿做老冯的同路人。

闲的时候，舒公子经常会脑补一下老冯千里走单骑寻找方大曾时候的孤单背影，他觉得周遭的人群中只有老冯具备英雄本色。他有时候甚至有过这样的错觉，冯雪松和方大曾其实就是同一个人，他们都有各自时代中有追求的人应有的执念。在好奇地翻了几本医学杂志后，他甚至认为方大曾、冯雪松以及他自己是一个细菌链上的共同体，老冯一定是触碰了小方生前的物品，所以被小方感染了，而他一定是通过和老冯谈话又被老冯的细菌感染了！

一番云山雾罩浮想联翩后，舒公子又正经了回来，在下一篇博客上写道：

> 我更佩服那种看到一束光，就勇敢去追寻的人，哪怕前路遥远渺茫，但老冯就是这样一个人，估计他也不知道自己要去哪儿，但他是那个有勇气的人。如今像我一样被老冯传染的人越来越多，希望有一天可以感染列国，也希望老冯被毒得更深，能早日成为蜘蛛侠或者绿巨人那样的大人物。

就是这样一位没有功利心、爱幻想、聪明绝顶的年轻人“料理着”央视网的方大曾平台。

卢沟桥，冯雪松故地寻孤影（孙楠 摄）

问天下谁是英雄——挚友眼里的雪松

《菜根谭》说：“文章做到极处，无有他奇，只是恰好；人品做到极处，无有他异，只是本然。”雪松在一个个日常中被影响和洇染着，渐渐地他拥有了一种温润如玉的让人舒服和信服的能力，这魅力来自于他丰富的经历。

之前在台办公室任职时，雪松多次担任中央台春节联欢晚会办公室成员，参与过建党八十周年重大宣传报道的文献片摄制，荣获过中宣部“五个一”工程奖特等奖、中国电视奖一等奖、全国人大好新闻一等奖、中国广播电视奖、全国电视文艺星光奖、中国电视纪录片学术奖特别奖、中国电视纪录片系列片十佳作品、中国电视金鹰奖特等奖等多项大奖。

重回纪录频道任副总监后，雪松即着手寻找新选题。不久前，他在朋友圈晒出一张图，好像是一幅预告，一个个或手持或肩扛大刀在硝烟炮火中昂扬前行的军人，图片的上方是两个大字：英雄。大字上方是一行小字：重塑抗战英雄矩阵，再现民族复兴脊梁。于是我致电雪松，希望他谈一谈这部正在筹备中的纪录片和雪松对纪录片的理解。雪松说：“还记得我跟你介绍过的袁明久老师吗？他刚好从青岛探亲回来啦，要不我们仨一块儿聊聊？”

以前电话采访他时，他永远会先嘱咐一句：你多宣传小方，我没有什么可写的！他对自己的事很少提及。袁老师无疑是非常了解雪松的一个人。于是，满心期待听一听在好朋友眼中雪松是怎样一个人。

2017 年初冬的一个上午，与袁明久老师相约在梅地亚中心茶叙。

尽管路途遥远，在 CBD 新址办公的雪松还是如常早早就到了，推开茶室的门，他和袁老师并排坐着，都衣着得体、绅士风度。两人不约而同指了指头顶上的天花板说："这里就是我们二十几年前战斗过的地方。"二位一人说一人补充："我们当年就在这座楼的三层编片子，编完了往往就是深夜了，然后就寻个地儿和衣睡下，甚至睡过电视机盒子里包机器的白色泡沫。"

我们就在这个他们曾经"战斗"过的地方开始爬梳起过往的二十年。袁老师认为他和肖晓琳的风格应该是两个极端，肖晓琳更倾向于让记者们去发现"金矿"，然后汇总给她，她作为制片人来把控片子的风格和方向。袁老师的风格是他带记者们发现"金矿"，然后由记者们自己去策划和落实开采。这也就是他刚到雪松他们栏目组后，雪松和他那些同事不适应他的地方。袁明久觉得：编导应该具备这种全面驾驭的能力。

袁老师曾经发掘过一个选题，是关于小脚老太太的，他认为随着时代的变迁，小脚老太太渐渐绝版了，应该把这一段女性史用影像留存下来。因为看好雪松对历史的理解认知和掌镜技巧，于是他把这个题目交给他，由他去自由发挥。他们把节目定位于生活在城市里、乡村里、县城里三个境遇里的小脚老太太们，雪松和袁老师就开着车在 20 世纪 90 年代末的京城老街上转啊转的，终于他们在王府井附近的骑河楼附近一条胡同里找到了一位，老太太叫迟耀芝，祖籍山东，男人是东城一个做买卖的。老太太因为晕车，所以一辈子没回过老家，也没怎么离开过家，还在自家小院里开了一小片菜地。家里摆着一架老式缝纫机，看得出这是一户有故事的人家。袁老师很放心地给雪松拨了点经费就任他拍去了。

老太太的家人起初并不乐意自己的母亲出镜，因为在那个年代，好像只有住进楼房儿孙绕膝才显得更体面些，但雪松他们要的正是这小脚老太太在生活了一辈子的祖屋前日常起居的年代感和历史感。说服老太太的家人花费了雪松很多的气力，片子被他很用心地拍好了，纪录片的名字叫《日子》，这部片子让要求严苛的袁老师非常满意。其实，袁明久当雪松是兄弟，才会不遗余力地在他的每一部片子中不吝点拨。

袁明久并非学电视出身，他学的是无线电专业，从山东大学毕业后先到广电部（现广电总局）任职一年，后来来到中央台任团委书记，因为看了一本美国版的专业书《开拍了》，遂对拍片产生浓厚兴趣，处女作《首都机场海关进口货物积压严重》（连续报道）一播出即获得“1987 年全国好新闻一等奖”。可以说他对纪录片有着一种天生的敏锐眼光，在担任雪松这个部门的领导之前，袁明久又在德国系统学习了一年，接触过大量的西方纪录片，学习了很多新的理念和技巧，所以他对雪松的要求也略显西化，更着重开放和自由，他崇尚小切口的拍摄视角，主张拍摄者以平视的角度去讲述故事、捕捉镜头中人性的灼灼其华。

后来雪松拍摄《寻找方大曾》时，其实袁明久已经调到别的栏目组了，但他依然关注他的这位小兄弟，“其实那时候搞电视的人特别浮躁，那时候是中国电视产业的黄金年代，要想挣钱有很多机会，像雪松这样心无旁骛只想做最好片子的年轻人凤毛麟角，他又不是没有生活的压力，可他就是一根筋地扎进寻找方大曾这件事情中去，一年又一年地深挖。看到这个题材后，我对方澄敏的印象太深了，这是一个值得敬重的人物。那个时候，我对雪松最好的帮助就是做一个忠实的倾听者。”

在袁明久的眼里，雪松和一般的电视记者不太一样。袁老师一边回忆一边比画：“那时候，办公室里没有人坐在椅子上，都是风风火火地来了，一来就蹿到桌子上坐，办公桌都是乱七八糟的。大家本来都挺有文化，可就是哪儿哪儿都飘荡着一种浮躁的气息。雪松的个人气质很不一样，后来我去过他位于西单二龙路的小家，干净极了，每一本书都按类别整整齐齐陈列有序，居室很小但特别整洁，我觉得通过一个人看什么书就可以大约判断出他的品行。”

“方澄敏做了几十年的努力，因为方大曾是她的亲哥哥。可冯雪松并不是小方的亲人，他能这么做，则胜似亲人。冯雪松单枪匹马地寻找方大曾很多年，多少苦楚又诉与谁知？所以说，雪松是真英雄！”在我和袁明久老师一边喝着普洱茶一边像翻一部书似地翻着雪松的过往时，雪松恰好因为接了个电话起身往外走，望着雪松的背影，袁老师又重复了一句：“雪松是真英雄！”他的眼神里满是骄傲与欣赏。

在我们闲聊的当口儿，雪松进进出出好几趟，后来我们才知道，他是为我们安排午餐呢！雪松就是这样一个默默地把一切事情安排妥帖的人。《菜根谭》说：“文章做到极处，无有他奇，只是恰好；人品做到极处，无有他异，只是本然。”

一切安排好了，重又落座后，雪松接过寻找方大曾有多难的话茬儿：“这十几年的寻找有太多不确定的因素，但能有今天的效应，我们必须感谢这个越来越宽容开放的时代。”

并排而坐的袁明久和冯雪松，非常温暖而默契地回忆着他们共事时的点点滴滴，雪松说：“连我们这一帮人的衣着品位都是袁老师带动的呢！袁老师第一天上岗就穿了件巴黎世家的西装，当然我们也是后来才知道那个牌子叫‘巴黎世家’，他裤子的后兜里还经常揣着很多钱，当初跟他又不是很熟，就觉得他可酷了！后来我们熟了，等我们拍完片子挣了钱后，我们也买了巴黎世家。可等我们都穿上巴黎世家后，他又穿着亚麻的衣服来上班了。袁老师告诉我们，拍摄者体面的穿着是对被拍摄者的一种尊重。我们报选题时，他永远是先定定地看上你一眼，然后让我们只用一句话概括一下选题主旨，通过了就等着领经费拍片，通不过他就皱皱眉挥手叫停不听你说了！总之，袁老师是一个不按牌理出牌的人！”

他们共事的时间并没有很久，但这样的回忆竟是如此愉悦，连我一个外人听了都顿时兴味盎然。

袁老师认为，雪松在澳门的五年外派生涯对他一生的影响至为重要，这一段经历让雪松接触到更多元的文化。他问我：“雪松给你讲过那个看门人的故事吗？”

于是雪松讲了让他印象至深的一件事：

在澳门的时候，雪松他们这些央媒的驻外人员都住在一个叫珠光大厦的楼宇里，每天都是一个其貌不扬的老人给他们看楼，老人看上去已是一把年纪，长得还有些干瘪，沉默寡言但干事情兢兢业业，每天他们进出这座楼宇都是这位梁姓老人为他们开门关门。同楼住的有一位叫曾坤的《人民日报》驻澳门首席记者，老曾在内地是正厅级干部，这个故事是老曾的亲身经历。

平素，老曾觉得这位年长的看门人也蛮辛苦的，就经常会打包一些饭菜给他，老人也都笑着接过。有一天，看门人在楼下碰到老曾，欲言又止的样子，说不知老曾何时有空，老人想上楼到他家里小坐片刻，老曾很爽快地答应了。等了几天，看门人也没来。又等了几天，看门老人终于来了，进了老曾的家门，被让到沙发落座后，看门人还是闷闷的，好像特别不知所措的样子，于是老曾先开了口：你是想托我办什么事情吗？看门人终于开了口：曾先生，是这样，我在珠海有两间工厂，想请你和你太太有空的时候去转一转。

这下轮到老曾吃惊了！

第二天，看门人换了一身衣衫开着一辆很高级的奔驰车亲自来接老曾夫妇，一路径直开到珠海又开到东莞，原来老人有两间很大的工厂，管理着好多工人呢！老曾问他有这么庞大的产业为什么还要去看门呢？看门人回答：生意都交给孩子们打理，自己觉得很闲，于是就看看楼打发一下时间。

这位看门人对老曾还有后来知道这件事的雪松都有极大的震撼，从此彻底改变了对澳门人的印象，澳门不再只有博彩和旅游的色彩，这位看门人的朴素和低调让他们认识到了一种可贵的品格。后来老曾还为此写了一篇文章《平实的富人》。

雪松讲的这段往事让人想到了《菜根谭》中的另一句：“处世让一步为高，退步即进步的资本；待人宽一分是福，利人实利己的根基。”雪松也就是在这样的日常中被影响着洇染着，渐渐地拥有了一种让人舒服和信服的能力，君子如玉，这温润的魅力来自于他丰富的经历，然后炼就内敛，温情善良由内而外散发出一种润物无声的高贵。

在雪松为我讲述这个故事的时候，袁老师又静静地听了一遍，相信他一定听过很多遍，但他依然乐此不疲。雪松讲完后，他做了结语：“作为一个记者、作为一个记录者，他不应该去俯视，也不应该去仰视。正是这些人生中的小故事影响和渗透着冯雪松的品格，这样的品格支撑着他执着地做一件事情，并把它做到极致，十几年头也不回一往无前。”

其实，袁明久，这位冯雪松曾经的领导、二十年的知己，又何尝不是雪松数年如一日的有力支撑呢！整整一上午，他安静地听、简洁地补充，他望向兄弟的眼神有支持、有感佩，还有一种涵义是“成全”。

冯雪松现在也正把这种“成全”传递给新一代的编导们。

展国家纪录平台
聚天下追梦英雄

“展国家纪录平台 聚天下追梦英雄”，是冯雪松后半辈子的担当。新作《方大曾：遗落与重拾》出版了，像之前一样，他捐出了所有版税。

2017年底的一天，一位编导报上来一个选题——《英雄》。之所以醉心于这个题材，说是因为他看完美国大片《血战钢锯岭》后心生感慨：我们也有这样的英雄！根据日本刚解密的文件，杨靖宇将军殊死抗日血战到底就是一个绝佳的题材。日军修了几年的路，终于通向深山老林将杨将军逼至绝境，日寇反复劝降，杨将军在皑皑白雪中躲在一棵树后，感天动地地一吼："什么都别说了，我一定会把最后一颗子弹都打光！"英雄的铮铮豪言还在冷冽的上空盘旋，身躯却已倒在一片殷殷血泊之中。中国有太多这样可歌可泣的人物值得颂扬！

雪松看了看这个选题，又把这个选题方案还给了那位编导。没两天，别的同事来为那个年轻人说情，说他酝酿这个题材已经好几年了，希望冯总监批准这个选题。

雪松把这位年轻编导找来，告诉他：英雄不止于军人报国，不只是杨靖宇将军、戴安澜将军报国；还有文人报国，比如李公朴先生、郁达夫先生；还有平民报国，比如范长江先生、方大曾先生；还有实业报国，比如陈嘉庚先生。他告诉这位编导，要做就做一个1931—1945全民抗战的英雄矩阵。

在中国的抗战史上，不光有这么多名垂青史的人物，还有太多太多的无名英雄。比如曾被方大曾留下影像的金振中营长。卢沟桥的战火燃起后，“宁当战死鬼、不当亡国奴”就是金营长气贯长虹喊出来的。

金营长负伤后在撤向保定的路上碰到了正在只身奔向战区报道战事的小方，小方为金营长照了相并发表在《良友》等杂志上，他的报道让更多的人知道了日军的残忍和战事的惨烈。后来金营长回到保定后，毛泽东主席还派人看望他并赞他为“民族英雄”。80 年代，在县文化馆工作的金营长去世，他有三个主要遗愿：一是请组织把他的骨灰埋在卢沟桥；二是老妻尚在请组织安排赡养；三是希望台湾回归，两岸统一。

一生默默无闻，曾经豪情万丈喊着“宁当战死鬼、不当亡国奴”的金营长带着这三个遗愿随风而逝！

冯雪松的宏愿是：不只是方大曾、不只是金振中，他要好好带领这些编导挖掘“中华英雄”这座富矿，让这些英雄不再于无声处寂寂无名。他要用镜头记载下这些人，让他们在中国 1931—1945 年的历史上空震出回响。

重塑抗战英雄矩阵，再现民族复兴脊梁，军人报国、文人报国、平民报国、实业报国，为十四年艰难岁月留痕，为四万万不屈灵魂塑像，2018 年央视纪录频道隆重播出《英雄（1931—1945）》，让我们做有血性、有良心、有责任的纪录片。

每隔一段时间，冯雪松就会在微博和微信上贴出这段话，为他们的新节目预热。“展国家纪录平台　聚天下追梦英雄”，是冯雪松后半辈子的担当。

在酝酿做方大曾纪录电影的同时，雪松沿袭纸上纪录片的方式写完了有关方大曾的又一本力作《方大曾：遗落与重拾——一个纪录片导演的再寻之旅》，2017 年底耀然面世。

翻开这部书，感觉冯雪松完全是写了一个浩瀚的剧本，他把小方的行动轨迹和小方的朋友圈完全复原了！这本厚厚的图文并茂的书有几十万字，冯雪松写了三年。这一部书的稿费还是和之前一样，他把所有版税全都捐出，用以推广小方的精神和事迹。

冯雪松说：在方汉奇先生和叶毓山先生的身上，他都找到了小方的影子。方大曾精神到底是什么？是情怀、是担当、是素养，这是他二十年风尘仆仆一路探寻找到的宝贵信息。这情怀这担当这素养不知不觉地浸润他的人生，他唯有更加努力坚持不懈地将这种美好延展下去。

因为有了方汉奇和叶毓山先生的鼓励，也因为有了舒猛等年轻人的不断加入，冯雪松今后的寻找方大曾之路不复孤单。

方大曾和冯雪松的故事，由一页传真开启，由 837 帧底片展开，丰神俊朗的两代英雄隔着一片黑白往事，却在同一片历史的星空下彼此照耀相映成辉！

在写作过程中，我对袁明久老师的采访本计划是在电话里或者微信中聊聊，但袁老师建议要面谈，而且是和雪松一起，他说有的事情他记得不是很清楚了，雪松记忆力好，可以回忆得更确切。

雪松后来告诉我：袁老师说这次采访的很多材料是要写到书里的，大家一起聊聊，没有出入是对书的负责，是对历史的负责。其实袁明久老师身体一直不太好，他的腰疾很严重，但一听说要采访很爽快就答应了，而且还特意打理了新发型，精神状态非常饱满。

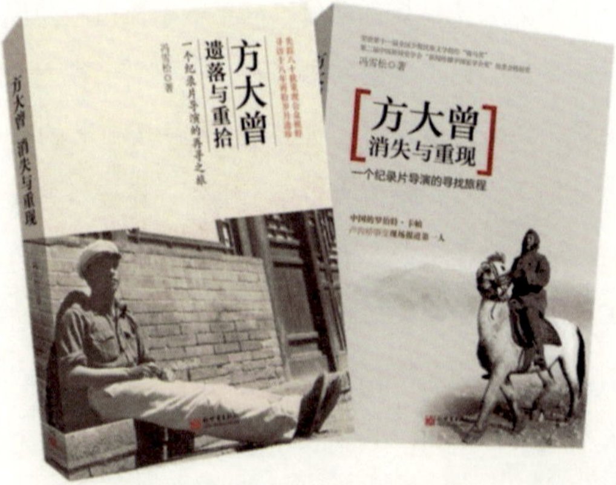

雪松说袁老师的认真让他非常感动，一直以来他受到袁老师很深的影响，从他那里获得了很多好的能量，他也一定要把这些可贵的品德传递给更多的年轻电视人。

接受最后一次采访的时候，雪松穿得特别帅，一身合体的衣衫显得他更加稳健睿智，他说这些都是唯鹂为他淘的，唯鹂给他买的都是好的，买很多；给她自己买的都是一般的，买很少。

雪松在出版了由他主编的方大曾摄影作品集《珍藏方大曾》后身心略轻松了些。他说很想带着妻子唯鹂和儿子瑞濠去踏个青："我们一家已经很久没有共度周末了。原来还有机会去农家乐玩玩，但这几年忙于写书、出书、校园行，好像一次也没有这样放松过。我陪孩子的时间很少，都是唯鹂一应照顾。"从雪松的声音里听得出他对家人的抱愧。

话虽然这样说，但其实他又在酝酿着很多新项目呢！

雪松现在每天的生活按部就班，清早一家三口一同出发，他开车先把儿子送到学校，再送唯鹂到办公室，夫妇俩会在太太办公室楼下一起吃顿早餐，然后他自己再上班。这就是一天一天的日子。

未来他计划不光要拍摄方大曾纪录电影，还要做方大曾基金、方大曾新闻奖。这是他理想中五十岁以后一年一年的日子。

妻子美丽温婉、爱子乖巧聪慧，他又重新回到自己所钟爱的纪录片行当，雪松终于又能静下心来读大量的书了。有时候他一边看着书，另一边儿子瑞濠做着作业，小孩子会天真无邪地和爸爸说说当天学校的见闻：“爸爸，谁谁谁的爸爸可有钱了！”听着孩子无心冒出来的一句，雪松会笑着轻抚一下孩子的小脑袋，说：“爸爸不像谁谁谁的爸爸那样有钱，可是爸爸可能很值钱呢！”

“想道声谢，又总觉得这句谢谢太轻”

就是这样双手捧着小方的照片一张一张一地一地地比对，雪松的这本《方大曾：遗落与重拾》是他用双手也是用双脚成就的，更是他用时间酿出来的。不用问我他所为何来？因为，他就是方大曾。他们是一样的人。

最初接到新世界出版社总编辑、美丽的张海鸥姐姐的电话，邀我为雪松写书时，其实我是抱着先看看的不确定的态度。认识海鸥姐十几年了，她总是特别温柔体贴又知性十足，我们偶尔会联络一下。在出版界她很有名，对选题的挑选非常独到。见到雪松时，觉得眼前的这位仁兄真高大呀，闲聊两句，我们还都是同一民族、同年生人，无形中开始悄悄观察他。其实我是很喜欢看人物传记的，偶尔也写写人物专访，但近年因为要用更多精力照顾家中嫩娃，饮食起居、辅导功课，所以纵是有心起笔，又分分钟为这样那样的琐事所累荒疏了文章。我还有一个小心思：很想看看我的同龄人、我的同行现在都是怎样的工作状态、生活状态，也很好奇人家达到了怎样的人生高度！

当讲起方大曾时，冯雪松眼里会瞬间绽放出一种光彩，他连语速都会比之前快一些，很明显是带着一种非常特殊的感情，他讲的每一小段都很有带入感，会让人不知不觉地想顺着听下去。一两个小时的聊天过去，我们听者的心绪跟着他起伏了好多回。本来还在犹豫的我特别向海鸥姐投去感激的一瞥，谢谢她让我认识了冯雪松和他口中的方大曾。那一刻，我觉得：为冯雪松和他心中的英雄方大曾写一本书，我几乎是不二人选！

有什么底气这样说呢?

因为方大曾位于米市大街的家，与我位于东四的家相距只有两公里，我儿时曾无数次路过小方工作过的北平基督教青年会旧址。出生于 1912 年夏天的方大曾和我外公的生日相差几天，对那一代人的记忆我印象深刻。

再有就是，冯雪松为方大曾做了那么多，我应该向他学习，为小方做点什么，至少可以通过一本书让更多的人知道方大曾如流星般划过的短暂一生，以及冯雪松千里走单骑二十年为小方留下的永恒。

有幸成为这样一位记录者，于我而言，是一份责任，也是一种荣耀。

很难见到这样一颗没有功利色彩的心，凭借雪松的业务能力，他随便接拍一些片子，都可以有丰厚的回报，也许他早就可以多买套房子，换一辆好车，或者选择一种舒适轻松的生活方式，但他都没有。他倾其所有，行走在方大曾步履所拂的土地上，这些地方现在也并不繁华，他把自己所有的休息时间都搭进去，查找了超过千万字的资料，记录了超过百万字的笔记，又写了好几本厚重的书，他的寻找之旅没有终点。

翻看他的第二本书《方大曾：遗落与重拾——一个纪录片导演的再寻之旅》时，真的被这部书惊呆了，他居然连小方当年的毕业证都找到了！那么浩繁的素材，那么多的人物，这些人物有的是名人，有的就是史料上的一个名字，但他们都是与方大曾有过交集的，冯雪松将这些八十年前的人一一复苏，他们年轻的面庞、他们为国为家奔忙的图景被逐一呈现。

合上书的一霎那无比崇拜雪松，他是怎么做到的呢?

在《方大曾：消失与重现》中，雪松着力表现的是行走在绥远、察哈尔、红格尔图等抗日布防前线的方大曾，而在《方大曾：遗落与重拾》中，雪松用很多篇幅给大家展示协和胡同10号院里那个帅气隽朗的世家子弟，他有怎样的爱好，他都吸引着怎样的朋友，他怎样一步步参与或者也未可知地组织着进步学生运动。他有时候行踪神秘又身形矫捷，他拍过李大钊先生出殡的场景，还拍过一张八路军朱德总司令的照片，还翻拍过很多斯诺在延安的照片。他曾被捕入狱过，后来被营救出来，他因此被中法大学做了留级处理。雪松找到了当年小方入狱时的种种资料，还有学校对参加学运的进步学生的处理函件。这些信息连方家人都是从未知晓的。

冯雪松是怎样整合这些素材的呢？在天津师范大学新闻系就读的马睿姗同学写过一篇随笔《曾记少年春衫薄》，雪松下过的苦功从中可窥一斑——

> 2016年9月25日清晨，一个异常高大的身影单肩背着包，疾步从天津南站出站口如潮水般涌出的人流中穿过。冯雪松先生见了我们，微笑着上前握手示意，随行的还有央视拍摄“寻找方大曾”纪录片组的四位摄像、编导老师。冯老师和我在新闻中看到的并无两样，只是脸色因为仓促的行程略显微白，依旧目光敏锐，精神矍铄。作为一个土生土长的天津人，我从未料想过一位为国捐躯的战地记者曾在八十多年前，与踩在我脚下的这片土地有着千丝万缕的联系。此时此刻，我们和冯老师的团队，依靠着方大曾先生仅用的一台折叠式相机留下的几张遗作，如同黑夜中的几烛微火，探寻散落在这星罗棋布的市井杂巷，小方曾经驻足过的些许印记。
>
> “寻找方大曾”在天津的第一站就是矗立在面前的原

新华信托储蓄银行。在距解放北路不到两百米的路口处，连接着在小方遗作中为数不多的自命名作品的取景地——解放桥。冯老师快步走到桥上，阳光洒在大桥碧蓝的外壁上，折射出微光。他将照片高高拿起，眼睛细眯起来，细细端详着小方在这座原名万国桥的码头上拍下的那幅名叫《吃黑面的人扛白面》的作品。拍摄结束后，冯老师转过身背对着我们，望向波光鳞鳞的海河水。那个方向，也许正是几十年前方大曾对准千万劳苦大众按下快门的方向。那一刻，他的背影莫名地亲切，却又莫名地悲怆。

顺着海河沿岸向西南方向辗转至和平路商业区，“天津劝业场”五个金色大字的牌匾依旧高悬在鳞次栉比的尖顶洋楼上，被重新粉刷的马车铜像隐隐遮住了岁月的斑驳。而此时，冯老师的眉头紧锁，与摄影师们讨论原照片真实的拍摄方位：“从光线的射入方向来看，应该面对西北方向。”他顿了顿，“如果这是夕阳的光线就另当别论了。”突然，他径直走向对面的街道，身后的摄影老师们一溜小跑着紧跟冯老师的步伐。就在反复多次比对拍摄方向时，日头渐渐升了上来，汗珠顺着冯老师的鬓角流淌下来，摄影老师们的衣衫也被汗水浸湿。通过与路旁的一位老人搭讪，很遗憾，照片中被夜色笼罩的惠中饭店，早已被新建的商场取而代之。得知后，这支寻找小方的队伍继续穿梭于熙攘嘈杂的人群中，没有片刻的停歇。

旧照在黑白底色的映衬下，靠拉黄包车为生的车夫、身着旗袍摇曳过市的妙龄女郎、蜷缩在路边瑟瑟发抖的乞丐已然显得微微发黄了，眼前物是人非的场景与小方镜头中的画面，在某一时空毫无缝隙地重合，被抽离的历史环境镶嵌进我们所能触及的现实，它是有温度的。继续向西几百米至哈密路，坐落着一排素雅的两层白色小楼，“大公报社旧址”这几个烫金的字体印刻在白石匾上，分外醒目。冯老师拿起书，对着摄像机，向我们娓娓道来：“1936年，小方到天津《大公报》求职，结识了当时因为写下《中国的西北角》一书而成为著名记者的范长江先生。范长江很是欣赏有才华的年轻人，1937年卢沟桥事变后，介绍小方成为了上海《大公报》战地特派员。”围绕在房子前的是一排半人高的象牙白花坛，茂密旺盛的棕红色叶子满得快溢了出来。我似乎看到一个朝气蓬勃的年轻人从报社进进出出，与前辈们热烈地交谈。

在天津“寻找方大曾”的最后一站，我们行驶到南开区东马路，刚一进院子下车，一群身穿彩色舞蹈服装的孩子鱼贯而出。1935年，这个小方曾经工作过的基督教青年会，如今变成了天津市少年宫。少年宫负责人经陈老师的介绍，热情地与冯老师及其团队握手致意。我们从一个高高的拱门进入，扶手的油漆已经被磨掉，露出暗黄的铁锈色，踩着被砖红色亮面漆覆盖的楼梯上楼，脚下不时传来吱呀的声音。二楼大厅靠墙四周巨大的拱形门下，坐满了等待孩子下课的家长们，上舞蹈课的孩子们随着音乐的律动，扭动着小身躯，欢声笑语充斥着整个屋子。冯老师看着眼前的景象，动情地说道：“当年并不是基督教徒的方大曾格外受到高尚仁先生的喜爱，破格聘请他担任青年会少年部干事。普通人一个月的工资只有二十块大洋，高先生给小方六十块，可见小方还是有很多过人之处的。小方应该很高兴，这个他曾经工作过的地方现在成为了孩子们的乐园。”

一上午的奔波劳碌，映射出冯老师十几年如一日的付出，走过方大曾先生走过的路，倾其所有，亲手将点点星光一般微闪的碎片，逐渐拼凑成为一个饱满、鲜活的小方。正是这种执念一般的坚持，使更多的中国人了解了这位拥有家国抱负的战地记者，使更多的青年人逐渐加入了寻找方大曾的队伍，这是一种使命的传承。在被无情的战乱所湮没的时候，小方不愿再苟安下去，他千里走单骑用他的相机和笔还原了卢沟桥事变及之后日军慢慢蚕食中国的骇人场景。他在那个前所未遇的艰辛环境中仍保持着志节、情操和内心的素养，用最真实的方式表达出对国土人民的同情与勉励。被小方镜头所记录的那些挣扎在底层的贫困人民，凸显出中华民族面对强敌不甘屈辱的气概和深厚的情怀。民气，是自古以来中国人民用来衡量一个时代、一个政权和一件事情的标准。如今，冯老师一行人所做的一切，让更多中国人的这份情怀得以落地、扎根。曾记少年春衫薄，那颗思慕和切望的灵魂，熔铸进从历史深处传来的吟唱，弦诵不绝。

2015 年入学的马睿姗是个活泼可爱的小女生，她应该是个 95 后，是“方大曾校园行”天津站一个负责接待的同学。她跟雪松是第一次见面，跟拍也是短短的一个上午，但这平常的一天却让她获益匪浅，她从雪松的身上找寻到一种热血与精神，历史在此刻得到回响。

在某一个冬日的冷风里，雪松和摄影师孙楠赴卢沟桥寻踪，冷风嗖嗖往脖子里钻，到了午后才微微有了些暖意，从这头到那头，他们一个一个狮子数过去，比对着小方拍摄的照片，仿若枪炮声中“不断奔跑着、不断突击着”的小方近在眼前。

雪松说，许多年来，我们一直有一种误解，认为中国的新闻纪实摄影，尤其是市井摄影和战地摄影，从时间和水平上与罗伯特·卡帕、布列松等世界大师的距离遥不可及。但是通过方大曾的作品，一定程度上还原了真实的中国摄影史，至少是缩短了一段距离。布列松认为："在摄影中，最小的事物可以成为伟大的主题。摄影作品承担着重要的社会责任，每个摄影师都应深具尊严感，都应意识到：无论一幅摄影作品画面多么辉煌、技术多么到位，如果它远离了爱，远离了对人类的理解，远离了对人类命运的认知，那么它一定不是一件成功的作品。"

我国著名摄影记者、范长江新闻奖获得者于文国先生在接受采访时感叹："方大曾的作品影像淳厚、视觉灵动、构图严谨、平实朴素，充满着写真的美感。方大曾在画面上对新闻情节、细节的叙述也是严肃理性和准确具体，尤其对多幅场景和人物肖像的记载具有鲜明的历史特征。它们完全有别于 20 世纪二三十年代中国社会上流行的那些以画意、唯美为标准的消费摄影，为后人研究中国新闻摄影史乃至世界新闻摄影史，以及静态照片的生产规律提供了一份难得的、珍贵的中国范本。"小方的镜头关注着长城脚下落难逃荒的孩子们，弱势的小人物映衬出方大曾对人性的理解和爱。所有这些看似不经意的着眼点，无一不彰显出方大曾的善良和伟大。

这样的照片、这样的解读，会瞬间打动每一个看到这些照片的人。

就是这样双手捧着小方的照片一张一张一地一地地去比对，雪松的这本《方大曾：遗落与重拾》是他用双手也是用双脚成就的，更是他用时间酿出来的。历经三年的精心准备，这第二本再寻之旅的问世令方家人无与伦比地感动，方大曾的外甥张在璇在微信中这样感恩雪松：

雪松你好！

谢谢你，这句谢总感觉太轻，为了兑现向一个普通老人的承诺，你已整整寻找了小方十八年！家人们的感动已无法用语言向你表达了。这本《遗落与重拾》又是你从尘封近一个世纪的史料中，如同大海捞针一样，拾回了与小方有关的许多被人遗忘的往事，使原本重现的方大曾更加真实和鲜活，这里面不知道你付出了多少心血与汗水。记得中央电视台有一档节目叫“挑战人生不可能”，你做到了！

张在璇

在看到这部书后，范长江先生之子范苏苏也给雪松发来微信祝贺，他是这样说的：

我父亲在得知小方在抗战前线“消失”后，曾多方打听他的下落，并数次写文章怀念他。小方牺牲三年后，1940年12月10日我父亲母亲在重庆结婚，他没有想到，他和曾与自己志同道合、并肩作战的战友小方“亲上加亲”了。这应该算是一段历史的佳话。他和小方都没有想到，在小方牺牲八十年之后，由冯雪松老师主编，由18位范长江新闻奖获得者深情解读的《解读方大曾》一书在范长江的家乡四川内江隆重举行了首发仪式，使两位战友“重逢”，这更是一段历史佳话！这本《方大曾：遗落与重拾》的出版，也是在续写这个传奇故事！谢谢雪松老师！

范苏苏

论年龄，无论是范苏苏还是张在璇，都是雪松的长辈，但他们在字里行间对雪松的尊重清晰可见。正像张在璇所说，因为雪松挑战了一个不可能！雪松让小方栩栩如生地回到了他们眼前，小方的照片和雪松的笔把他们父辈的音容笑貌还原了。在书中，范苏苏的父亲范长江和方大曾、邱溪映、孟秋江、陆诒等共同采访、并肩战斗的经历被首次详细介绍，在《良友画报》第 129 期上小方拍摄的一组“狱中七君子”的照片更加引人瞩目，一代意气风发、铁骨铮铮的新闻记者群像谱鲜活地呈现在读者面前，进入大众的视野，回到亲人身边！

在书中，那些在小方成长过程中曾经的老师、同学、朋友李续刚、方殷、王思华、范文澜、蒋汉澄、高云晖、夏农苔等人和小方再次聚首，他的家人和他的合影等百余张私人照片首次面世，其中许多珍贵照片说明小方和沈钧儒的亲属关系。

书中还引用了五位范长江新闻奖获得者对小方作品的点评。

可以想见，雪松创作这本书是多么不易，每找到或者得到有关方大曾的哪怕一点点资讯，雪松都会把它们当作一根划着的火柴，他就用这一点微光把之前的卷宗爬梳一遍，再仔细地填充进新内容。尽管他付出如许，但他时时刻刻感恩在寻找方大曾的路上给他指引的所有前辈和朋友，如果没有方澄敏的坚持，没有李惠元、陈昌谦的牵引，没有吴群的考证，没有范长江、陆诒等人的回忆，不但纪录片做不成，就连为小方著述也无从谈起，他笃定这是小方在冥冥中给出了暗示和安排。他觉得自己就是接过这些前辈心手相传给他的一束束光亮。

我想可能会有很多人会好奇：“他为了什么呢？这样的寻找有尽头吗？”

不知道会有多少人看过他的报道和他的书后会这么想，我也很想知道。

但我觉得不用问，我就知道他所为何来。

因为，他就是方大曾。他们是一样的人。

贺信

冯雪松同志从发现，寻找，到深入开掘和研究方大曾这位杰出的历史人物，纪录他的生平，宣传他的业绩，表彰他的精神，已经二十年了。使被埋没了多半个世纪，几乎被遗忘了的一位杰出新闻摄影记者的事迹，得以重现和弘扬于天下，弥补了中国新闻事业史和中国新闻摄影史上的一个重大的缺失，真是善莫大焉，功莫大焉！我给冯雪松同志这二十年来为此作出的努力和贡献点个赞！并祝願他在方大曾的研究和方大曾历史业绩的弘扬和宣传上取得更大更多的成果！

方汉奇

2019 年 7 月 3 日

方汉奇先生为冯雪松写来贺信

后记：

早些归来早些眠

“这个时代缺的不是完美的人，缺的是从自己的内心给出的真心、正义、无畏和同情！”

2018年春节大年初五，我到叔叔家拜访，叔叔问我最近忙些什么，我说在写书，为一个朋友写，写他二十年坚持做的一件事。爸爸和叔叔小时候是在东城区灯草胡同长大的，那里有他们儿时的记忆，灯草胡同与协和胡同几街之隔。我绘声绘色滔滔不绝地描绘着小方，描绘着1999年后走进方家人故事里的冯雪松，讲啊讲的。正在洗碗的婶婶也放下了手中的活计认真地听了起来，大家还你一言我一语地回忆着当年这些似曾相识的人的样貌，比如方朱理，比如方澄敏，还有协和胡同左近的那一条条老街……说着和听着，忽然我的眼睛就有些酸，回忆是多么具有凝聚力啊！它把几代人渐行渐远的记忆正一点一点地拽回来。拉近这些凝重而美好回忆的推手正是雪松，我只是被他感召的一个传播者。家人忆旧的话题一打开，整个屋子里的亲情氛围更加浓郁温馨，爸爸和叔叔全都叮嘱我："你一定要好好给人家写啊！你的这个朋友雪松太了不起了！"

对雪松一共也没有采访过几次，但因为同是媒体人，我会更加懂得他的付出和艰辛。作为同龄人，也更加感佩他无私高贵的情怀。有时候闲暇望向窗外时，有时候开车手握方向盘时，我会构思这本书该怎么写。头脑中忽然会交错出好几条线，方大曾和我外祖父是同龄人，1937 年他们都是二十五岁。冯雪松和我是同龄人，我们都出生于 1970 年的第一个春天。雪松的儿子瑞濠和我的儿子皓玄又只相差一两岁，也是同龄人。我们都在同一时点上生活在曾经的北平现在的北京。在一种时空的交错中，我会天马行空地想象一下：

30 年代中期，因为住所都在东四到东单这条大街上相邻仅两公里，或许我的外公就见过或者与小方擦肩而过呢！那个时候，我的外公可能在忙着上学也可能在培养着他的一个新雅好吧！那时他的家世也是蛮殷实的，他同样喜欢摄影，但他的镜头扫过之处多是一些家人的倩影和山水的风情。而那个时候，方大曾已经胸前挎着一架相机云游四方，用快门捕捉着市井中一张张生动的身影和面庞；也可能，他把镜头对准了黄河边的船夫和晋北荒凉破落村落里的农民，又或者他已是走在通向绥远和红格尔图层层哨卡的路上。

90 年代中期，当冯雪松一边蹬着他的破自行车一边听着随身听里崔健的《寂寞就像一团烈火》，想着今天到底去哪个学长哪个老乡那里再挤上一晚的时候，我可能正安逸地躲在爸爸妈妈给我的小两居里摆弄一些小姑娘的心水收藏，可能对着镜子把刚刚买的一件衣服在身上比来比去！当冯雪松还在央视机房里绞尽脑汁编片子加班时，我可能正抱着一大篮好吃的零食，一边看着喜欢的电视剧一边和闺蜜煲着电话粥。又可能，我和冯雪松同时参加过哪一场新闻发布会，然后擦肩而过呢！

本世纪初，在我带着八岁的皓玄上着某一个课外辅导班时，十岁的瑞濠正跟在爸爸的身后来到小方的故居或者母校，用他的小相机对比着光线取景拍摄。

这样的念头会经常不期而至地涌到我的脑海里，栩栩如生。这想象会让我的心时不时莫名地激动或者伤感一下，每个人过什么样的日子都是他的选择，没有好坏之分，大多数人会忙碌和沉湎在个人和小家庭的凡常日子里，但我们会在别人的人生故事里看见自己的岁月。很多年以后，会有一种永恒在曾经芸芸众生的平凡之中脱颖而出。如我一样活在自己世界里的凡人，更多时候我们的人生是获得，是在别人的剧情里或欢喜或唏嘘。而方大曾和冯雪松不是这样，他们是英雄，是忘我而无私的英雄。他们是给予，他们是拿着灯盏为他人照亮心路的高尚存在。

个人认为，家世优渥的青年投身于革命的滚滚洪流之中，会更加让人感动和钦佩。方大曾本不需要通过革命去改善自身的境遇，他只是不肯苟安于飘零动荡的世道中，于是他选择向进步靠拢，他冒险掩护进步同学，他冒着被抓的风险跟拍李大钊的葬礼，他冒着牺牲生命的危险行走在战争一触即发的刀锋上，他与被战火轰炸后四散逃逸的人流相悖而行，几乎可以说是时刻准备从容赴死以身许国。他是那样一个前途无量可以大有作为的如阳光一样绚烂的青年，他只是希望他的国家可以更加强大。他本可以出洋以避战祸，他也可以按部就班地大学毕业，然后择一家门当户对的亲事，生儿育女体尝常人该有的人生况味。然而他都没有，他的结局当然令人潸然泪下，但他的非凡人生和他镜头里的黑白往事却胜似千言万语在世间亘古流传。

冯雪松，他有很多的机会让自己和家人过上更悠闲从容的生活，聪明有文采爱念书的他本可以再读一个学位，因为他那么喜欢钻研史料。他应该也有很多的机会出去拍拍片子，给家里多进项些收入，可以更好地规划一下未来的生活，为孩子留洋念书筹措更多的资源。在我们这代人各种挖空心思地积攒财富经营自己的时候，冯雪松用二十年的时间挖掘、重现、唤醒、传播着一个被时光、被时代、被世道埋没的无名英雄。他们非亲非故，没有人要求他这么做，而他完美至上一做再做。当他一步步行走在小方曾经踏过的旷野和山脉上时，我辈可能在星巴克正端起一杯拿铁对着窗外的落花与飞鸟发呆。他放弃了那么多周末与亲人共享天伦之乐的惬意时光，为一个籍籍无名的人拂去层层尘埃，让一个戎装在身、纵跃马上的青春形象复归国人视野。

构思这本书时，刚好看了一部电影《无问西东》。看了一遍，因为喜欢一句话，“这个时代缺的不是完美的人，缺的是从自己的内心给出的真心、正义、无畏和同情！”于是为着这句话又看了一遍，还是一如既往地感动，流下一样多的眼泪。

看这部电影1938年那个故事时，看到沈光耀就会想起方大曾，这句话是美国教官告诉他的，他也最终因着这样的信仰与敌人同归于尽以身殉国。看完电影回来的路上，走着走着，一念划过：“真心、正义、无畏、同情”，这八个字、这四个词、这几重境界其实就是在说方大曾和冯雪松啊！

为着正义，方大曾无畏任何硝烟与炮声纵身于烽火狼烟中，冯雪松起初因为同情方澄敏走进方大曾的往事中，此后一发不可收交托出自己所有的真心，用他的双手和双脚谱写出一曲对英雄的礼赞。正义与无畏的一代英雄方大曾的故事，在另一代英雄冯雪松同情与真心的找寻中“复活”。冯雪松希望这种“复活”可以让一种精神流芳百世。

我的小孩有一天问我：妈妈，你还在写那本书吗？还是那个冯雪松和方大曾吗？那一刻，我轻轻揽他入怀，翻开眼前的几本书，在《消失与重现》《遗落与重拾》的一页页墨间掠影中，用小朋友听得懂的逻辑和语言，大略讲述着两代心有执念的人，他们的时代、他们的故事、他们的得失。他慢慢翻着，翻到了小方母亲方朱理的照片，就是她暮年时分站在院中斜阳下失神远眺的那一张。顺着孩子手指的滑动，我的声音忽然暗哑了下来，同样作为母亲，我特别特别了解她被撕裂的心和她大半生绝望的守候。八十年前的某一日，她何尝不是用如我今天这般充满爱意与温暖的目光，目不斜视地看着自己的爱子活泼快乐地在家里进进出出。她放飞孩子的自由，尊重孩子的信仰，尽管母子缘分短暂、结局无望黯淡，但小方母亲对小方的开放式教育却无意中改变了中国摄影史。我的孩子又问："这几本书都是你采访的那个冯雪松叔叔写的吗？"我忽然想起雪松带着刚睡醒的瑞濠一大早拍摄小方的母校中法大学的桥段来，一下子觉得以后自己对孩子的教育应该不要局囿于眼前的苟且，应当让他多了解一些历史，了解一些在历史的风云际会中正渐渐远去的一个个背影。我们应该与他们一道学习，不拘泥于几本课本和掌间的几寸屏幕，我们更应该陪孩子走到天地中去，望一望方大曾用镜头抚摸过的每一寸山河，走一走冯雪松用双脚访问过的每一处故迹。

当我儿子似懂非懂地合上书时，我摸摸他的头，轻声告诉他："你可以先看一看这些老照片，以后我一点一点把这些故事讲给你听啊，你以后都会懂的。"那一刻，我非常感谢我的同龄人冯雪松，他用自己二十年的坚韧执念让更多人认识和拥抱了方大曾，让我们在一种连自己都有些不知所措的快速裹挟中得以停顿片刻，安宁地沉下心来回首过往，怀念和纪念一下英雄。

在方大曾的人生故事里，我们看到了"正义"与"无畏"；在他的镜头下，我们看到了"真心"与"同情"。在冯雪松的人生故事里，我们同样看到了如此多的美好。脑子中瞬间闪过不知从哪里看来的一句话：一个人由表及里，可以分为五个层次：外貌、能力、脾气、品格、心性，所对应的人生完整路径始于颜值、敬于才华、合于性格、久于人品、终于慈悲。用这句话来形容冯雪松，再合适不过。

从2017年至今，由冯雪松撰写和主编的方大曾系列图书已经出现了英文版、韩文版，阿拉伯文版、印地文版、土耳其文版的出版也在酝酿之中，国际出版商对方大曾和冯雪松这两个有故事的中国人表现出浓厚兴趣。月前，雪松送了我一套 “寻找方大曾二十周年”中文纪念版，非常漂亮的装帧，函套里，是《方大曾：消失与重现》《方大曾：遗落与重拾》两本书；函套上，映着小方的毕业照，青年英气深邃的目光和嘴角浮起的浅浅笑意。当这个夏天忙过，我的新家终于装修好了，我整理居室的时候，顺手把这部纪念版放在了有些古色古香的漆器书桌上。整个九月，金秋来了，开学季也来了，每一天都行色匆忙，难得拾歇一刻。但有很多个瞬间，会在目力所张之处，和函套上的小方打个照面，我的心会在他的目光里做片刻停留，我会把自己想象成小方母亲，我怎会舍得让自己如此漂亮的孩子走近炮火？我会特别心疼方澄敏一生缚得永久的等待！我会特别感佩从陈申到阮义忠到冯雪松等一干人执着的接力！同为新闻工作者，方大曾，我的前辈，我能为您做点什么呢？

一个人的努力是有限的，但我至少可以凭借我的口我的笔讲述好这段弦歌，让我周围的人都知道方大曾。

搁笔之际，心头很多感慨，谢谢我的老领导亦为恩师的杨牧之署长，杨署长现在是《中国大百科全书》（第三版）的总主编，听了我讲述方大曾和冯雪松的人生故事后，在百忙之中为我的书作序，这是您对我这个晚生后辈最大的鼓励与认可。谢谢新世界出版社李春凯社长和解琛总编辑对本书的关注与关照。谢谢乔天碧、葛文聪前后两位责任编辑对本书的倾力编排，还有贺玉婷、魏芳芳两位漂亮的美编妹妹。

谢谢与我有着超过二十年友谊的海鸥姐姐当初予我机会听这个故事写这部书。

谢谢雪松，让我看到同龄人的优秀，这优秀也成为我面前的一扇明镜。

谢谢小方，让我感受到高尚的力量，每天与高尚对视几秒，内心会特别澄澈和勇敢。

冯雪松的书，装点了我的案头。方大曾的故事，装饰了我的心。他们，共同装潢了我的笔墨人生。